U0896008

春有百花冬有雪

肖瑶 著

中国三峡出版传媒
中国三峡出版社

图书在版编目（CIP）数据

春有百花冬有雪 / 肖瑶著. -- 北京 : 中国三峡出版社, 2020.8
ISBN 978-7-5206-0117-7

Ⅰ. ①春… Ⅱ. ①肖… Ⅲ. ①随笔—作品集—中国—当代 Ⅳ. ① I267.1

中国版本图书馆 CIP 数据核字（2019）第 281378 号

责任编辑：赵静蕊

中国三峡出版社出版发行
（北京市海淀区复兴路甲 1 号 100038）
电话：（010）57082645 57082655
http://media.ctg.com.cn

北京世纪恒宇印刷有限公司印刷 新华书店经销
2020 年 8 月第 1 版 2020 年 8 月第 1 次印刷
开本：880 ×1230 毫米 1/32 印张 :8
字数 :207 千字
ISBN 978-7-5206-0117-7 定价 :49.00 元

序

万物静观皆自得

文 / 宋文京

如果我没记错的话，与肖瑶相识于电视台。当时我参与策划一档电视栏目《满汉全席》，奔走于北京青岛之间。肖瑶为节目编导，飒爽、干练、年青、气盛。

渐渐地，便与她熟悉，有了许多共同的朋友和事情，开始知道她是个才女，文字了得，也了解她与新疆有着渊源关系。而我则天山南北走过二十余趟，是早期“驴友”。莫名地，与肖瑶有了地域式的共理共情。

再后来，读了她用心写就的两本书和现如今这本书稿。“一生二，二生三，三生万物”，觉三册好文可以构成肖瑶的人如其名，逍遥、自在、得大自在。

我的精神成长模型建立在 20 世纪 80 年代。陈平原形容那个时代“泥沙俱下，众声喧哗，生气淋漓。”高晓松则认为“那时候的男女，剽悍勇敢，简单温暖。”肖瑶是小我一辈的人，字里行间却莫名其妙地感觉有着我们那个时代的禀赋（哈哈，把时代据为己有），生气淋漓，简单温暖。

匆匆读过肖瑶这本《春有百花冬有雪》，脑际也匆匆蹦出三个关键词，匆匆援笔析出：

一曰素心。首先是三观合宜，三观要正，所谓素心人，就是有平淡天真之心。钱钟书先生认为学问就是三五素心人切磋琢磨之事。肖瑶当然不是将文字做学问，却有着感知天地人心的价值观。生活得积极、良善、唯美、有趣，有好奇之心和恻隐之心，文中处处可见。这恰恰是一种得大自在的心思源头，“若无闲事挂心头，便是人间好时节。”

二曰行走。记得一位法国作家说过，人生意义原不过是“博爱与漫游”。我的家乡是博爱，也喜漫游。亦有人说善读书为“知”，能行走为“识”，肖瑶显然深谙此道。她的书中多有对朋友、对电影、对世事现象的记录，其实这就是更宽泛意义上的“游记”和“记游”。庄子讲“乘物以游心”，其实万事万物，均可以“游心”来看待，慢慢走，欣赏啊。

三曰文藻。“万物静观皆自得，四时佳兴与人同。”肖瑶素有灵秀清通的好文笔，行云流水，当行可止。窃以为，文笔也是心态，表面看是“文”，实际上是“质”，文质相涵。在这个大伙儿不多看书看字的时代，做到静心码字，十分不易。奈何奈何，“若有知音见赏，不辞遍唱阳春”。

2019年初曾在网络上见下列文字，“作个俗人，贪财好色，一身正气”，觉得有一种爽爽的气息，如相声“怪坏”之感。人生苦短，酒须斟满，元气要满。哈哈。

写此文时，正值全球疫情之时，内心时时处于百感杂陈之中。静观天人，令人静穆。疫情让人们不得不静下来、慢下来，甚或是停下来，也许“此中有真意，欲辩已忘言”。

读肖瑶的文字，想象生活和艺文的另一种可能，另几种可能，也许恰恰是文字的力量吧。祝肖瑶的书有更多的读者、识者、知音。

2020年4月于山隅阁

宋文京

书画家、评论家、文化学者

青岛市书法家协会副主席

青岛市文艺评论家协会副主席

青岛画院国家一级美术师

且以愣怔看浮生

文 / 张小麦

1

看肖瑶的书里，她经常像个脑子不够用的傻子一样，“愣怔”了。

当她听闻某姑娘对付前男友不露面的办法是在楼下往他家窗玻璃上扔石头；当她收到深陷爱情的女孩儿发来“过得人仰马翻的心情”的短信；当她目送疲倦地感慨“世界是男人的”的姑娘离开；当她在电话里听到一贯贫嘴的男性朋友突然痛快淋漓地大哭；甚至当有人问她：“你已经好多年没来兰州了，一点儿也不想吵？”

——她就“目瞪口呆”“彻底地发了一阵子呆”“在湿天湿地里发了愣”“一时间彻底呆住”“愣了半天”……

很想定格这些时刻，想与此刻的肖瑶对望。犹如隔海相望着某种真实。

2

初识肖瑶，是 2017 年参加一个写作研修班。

稍一了解她那“祖籍四川、出生新疆、求学杭州、落户青岛”的前半生，便由衷佩服。我完成这一套人生大动作，根本就没出过河北省。而后置于她的每一个动宾短语，都可以扩展出一个、无数个有泪有笑的好故事。

所以，我对肖瑶承诺赠寄的两本文集《春风再美也比不上你的笑》《青春作伴好还乡》，充满期待。并对她“看完之后请谈谈感受”的要求一口应承，“没问题没问题。”

但是很抱歉，我没谈出感受。不是谦虚，是真没有。总不能说她逻辑缜密、文辞典雅、对仗工整、说理透彻吧，这是对以二十岁如花年龄闯荡过论坛贴吧草莽岁月的肖瑶老师，最不真诚的敷衍。但我真的不知道我为什么没有感受——她明明有着，四组短语所绝对不能封印的、气势如虹的人生啊！

这个疑问，始终盘旋在我的心头脑海，长达两年。直到 2020 年春天读到一位画家的书。与极简克制的白描写法对比鲜明的，是他那毫不掩饰的真挚情感。由此，我也终于明白了为什么对肖瑶的书“无感”：因为她把自己藏起来了。比起和盘托出，她似乎更愿意作一种有距离的表达。而写作的过程，就是“她”撤退的过程。曾经沉浸、携裹其中的情绪，已被最大限度地审视、抽离、释然。最后呈现在文本的，只有那时、那地、那人。

没有情感负累的文字，也许重于一颗石子，但绝对轻于一片灵魂。再次投进过往的湖心，溅起的，只有白月光和蓝色的夜风。如此高冷，简直让人怀疑这是一个自诩“看开了”的老女人在贩卖所谓成长、成熟、成功的强者人设和道德说教。

但很快，你就会自我否定，哦不是。幸亏不是。

3

我所认识的肖瑶，正式场合精致套装搭配严谨妆容，上台会主持，幕后能策划，拉着队伍大漠边疆拍片子，噼里啪啦片刻就能写出好文案，嘴唇起着大泡陪客户吃火锅，笑出八颗牙齿到政府拜码头。从不放低工作要求，但公司小孩儿皆亲昵地称呼她“瑶姐儿”。她是极优秀的职业女性。

而她对女性、对身为女性的自由与局限，已达成最从容的体认与宽容。诸如，她很早就明确了不生小孩儿，决定之后再未为此纠结。她率先赞美一个姑娘“你的帽子真好看”，从而解放了饭局上所有严妆对阵的女人，大家终于能松懈下来好好吃饭了。不太熟的女性朋友忐忑请她作陪应酬，她爽快答应“去为你站台？好，我美美地去！”

在只能网上相见的日子里，也会跟肖瑶聊聊私事，比如爱情。而且一旦提起，总难免戏精一秒附身，想要与全世界妇女同胞联合起来，一起吐槽。然而，肖瑶老师就慢条斯理地上线了：“首先，从历史发展来看……其次，从社会分工看……然后，从性别特征来看……”

啊……正儿八经地聊聊爱情，是这样式儿的么？这哪是聊天呢，稍加整理，就是一篇可以发表在知网的论文。

后来，又跟肖瑶聊过几次天。因为工作不顺利、顶顶不刷牙、盆哥不休息之类琐事，我还在叽叽歪歪细致描摹心中悲苦，她直接又是“首先……其次……然后……”根本没什么共情共鸣我懂你、加油鼓劲你最棒之类的话。要是捞着一句“别怪我说话不好听”，这都算安慰。很冷、酷。不过跟她聊天，倒是一定程度上治好了我的某种妇科病：有事好好说，别撒娇。

但她始终以“愚笨的文艺女青年”自居，做饭泡茶烫伤次数之多已非“烫燎泡达人”所能尽述。亲近的朋友评价她是“浓血质神经病”，朋友圈还晒过她在大理酒吧放肆高歌的惊艳照。我也总记得她穿着宽宽大大的白毛衣，像个十八九岁的姐姐。而当她瞪着一双大眼睛愣神的时候，又有了八九岁小男孩儿的童稚神情。

多么矛盾，矛盾得多么具体问题具体分析的一个人儿啊！

我想与愣神的肖瑶对望，想从八九岁的童稚“小男孩儿”望向十八九岁的“白毛衣姐姐”，望向套装正式妆容严谨的“肖总”。想知道哪一个是肖瑶，想知道一个肖瑶如何就成为了另一个肖瑶。

4

众生相，浮世绘。只要不犯法，怎么活，其实随你。但也不必傲娇地表示“好难选哦！”因为没有一种活法是容易的。

打工种地自己都看不起自己，当官经商做网红风险越来越大，练好护体神功已经成为每一个医生的自我修养。办公室文员大概率腰椎间盘突出，我本不俗就该去西藏可半道儿上却抑郁了。千万别向苍天愤怒发问：这是为什么啊？连主管扶贫的副乡长都能告诉你：这就是生活——这就是生活，有多少人心里向往着诗与远方，但却与生活苟且了呢？

可肖瑶，总想保持体面。

但她也没有龙陵铠甲啊。愣怔，应该是她允许这个世界看到她最后的失态了吧。她不说，我们便无从知道那一刻，她品尝了怎样的甘苦痛楚，经历了怎样的往事涌上心头，看破了怎样的不堪与谎言，如何就接受了自己的“做不到”或者确信了“我可以”，又是否把宽容或者鄙薄赐予了对面坐着的那个人。只知道回转神，她又明眸浅笑，云淡风轻，该干啥干啥。

好吧，哼唧无益，实干兴邦。

5

初见肖瑶，她虽然不胖，但也圆润。再见时，她成功减肥瘦身 20 斤，瘦是瘦了，神情却难掩枯槁倦怠。今年又见，她和她的身体终调整至和谐，身形清瘦美丽，粉红元气扑面。海风吹拂她的条纹衬衫和水洗白阔腿牛仔裤，真好看。

这就是一个（女）强人啊!

而文字与作者之间，其实存在着奇妙的互文关系。所以肖瑶老师自谦:“我把控能力不好，写出的文字沉重甚至生涩。”不予苟同。反倒觉得，先天自带“愚笨的文艺女青年体质”的她，把控能力已经超过了文艺青年这个物种的整体平均水平。而当她在生活中蜕变得越来越轻盈、越来越美丽，那些文字，正是她蜕下的壳儿。假如真有沉重和生涩，那也是生活。

肖瑶有一双大眼睛。当她愣神时，提请特别注意。
她愣怔看向的，不仅是她自己，也有人海浮沉的你和我。

张小麦

河北籍作家。林黛玉版鲁智深，能磨蹭的急性子。

目录

02

夏

秋

冬

跋

——谨以此书纪念难忘的2020年——

春。

所谓小确幸，

就是在八级狂风的十二楼里，

热气腾腾吃火锅，糊里糊涂打麻将。

我一直在输，却愉悦于身边人的聪慧，

并大剌剌接纳了自己的不赢。

茫唠阔

话说从头。

我出生后才一岁多点儿，就被送到了四川老家奶奶家。三岁半再回到新疆父母身边时的情景，除了保姆身上紫红金丝绒的背心，和轰隆轰隆晃动不停的火车地板，其他什么都记不得了。而在爸妈眼里，当时的我完全就是个耳聋口哑的呆小孩儿。刚到家的前三天，始终一脸茫然，一声不吭。吃饭时给多少吃多少，不给了不喊饿，再给也还能再吃。我爹试了两次以后失声惊呼：完喽完喽，这娃儿成了个茫唠阔喽……

“茫唠阔”，一声茫，四声唠，轻声阔。之所以选这三个字，是请你一定要注意发音，那是我爹浓重的四川话与陕西腔融合后的清奇口音。“唠阔”，是四川人“脑壳”的发音；“茫”，陕北话里有“懵”“盲”之意。这三个字，在昭示了我家爹爹奇异复杂家族史的同时，也为我的童年打上了颇具喜剧效果的注释：所谓“茫唠阔”，就是形容一个人脑袋有问题，不灵光，傻乎乎。

于是，从三岁半开始，除了小名儿“瑶瑶”，我又有了个昵称：茫唠阔。

这个名叫“茫唠阔”的小姑娘，还真是不让人省心。就说走路跌跤这件事吧。据说人从出生开始，唯一不会继续生长的部位就是脑袋。如此说来，您看看现在的我，就能想象那个三岁半的小孩儿，有一颗多么硕大无朋的脑袋——当然，我也是很多年后，才理解了“头大”与“跌倒”之间的必然联系。当时，我养了一只名叫“丫丫”的小土狗。白生生，嫩生生，还没足月。每当我唤它，它就会不顾一切，拼了命地向我飞奔。奈何头太大，身子太小，行动频率稍快，小小的身体就抵不过大大的脑袋，特别容易失去平衡。每次都是还没跑两步，大头就会带着小身体咕咚一声栽倒。我看着它一次次向我奔来，一次次头朝一边栽倒过去，又一次次坚定地爬起来，继续向我飞奔，然后再栽倒，再爬起……彼时，脑袋仍然很大，身体当然也长大了很多的我才豁然明白：妈呀，这不就是三岁半的“茫唠阔”，我吗？

一个那么小的身体，顶着这么一颗大脑袋，妥妥 ET 即视感，走路不摔跤几乎是不可能的。五岁之前，爹妈带我出门最操心的就是时刻小心我是不是又跌倒了。而我与其他孩子的区别在于，摔了跤从来不哭。自己个儿闷头闷脑摔了，自己个儿闷头闷脑爬起来，闷头闷脑继续走，闷头闷脑再跌倒……

稍大一点儿，“茫唠阔”的事迹愈发多起来。比如从来找不到东西。你眼睁睁看我的目光从要找的东西上瞟过来瞟过去，就是无法聚焦，

遍寻不着；比如有三种基本技能我无论如何都学不会：看表、使筷子、系鞋带。到现在我还记得父亲大人用自行车载我上学的路上，一边蹬车一边讲："你要记住，表面是圆的。左边是9，右边是3，上面是12，下面是6……"我也永远都弄不清鞋的左右该怎么分，我妈经常要在早上出门上学时才慌手慌脚帮我把鞋子换过来。

有一件事，我爹去年春节家宴时还提起来让大家一通笑。说有一次我去打酱油醋——那会儿还有粮票呢。小学一年级"茫唠阔"同学，一手捏五块钱，一手握几张粮票，顶着大脑袋就出门啦。正在炒菜等调料的我娘，左等不见，右等不来，只好出门寻找，终于在家属院花园小广场发现了正抬头望天的我。仔细一问，好嘛，钱和粮票全不见了。急火攻心的我娘扯着我沿回头路开找。结果，从我家到我站的地方，竟是一块几毛、一张张粮票地被找到。有的在草窠里，有的在马路牙子上，有的就摆在小路正中央。我妈想破脑袋也不明白，我要怎样丢，才能把它们丢得这么匀乎，一张不剩。更重要的是，直到被她发现，我还丝毫没有意识到，自己手里捏着的东西早都片甲不留了。至于这一路上，我在看什么，想什么，还记得不记得自己应该去干什么……无论爸妈怎么问，我都是翻着一双白眼儿，一言不发。

不懂撒娇，不会诉苦，与其说是与生俱来的个性，不如说是自小经历了与父母的分离之后，再也无法弥合的距离感。我从没有过妹妹黏在母亲身上的体验，遇到困苦艰难或欣喜欢乐，也从未想要迫不及待与父母分享。凡事自己扛自己担，自己捱过伤心、从头来过，头破血流自己认。

而正在成长中的孩子，她的小脑袋瓜里究竟盛着多少事，又有几个成年人能真正知晓——更何况，还是这么一颗明显比其他孩子都要大的脑袋。看得多、想得多，却无人可说，这大概就是我孩童时代总是恍惚、放空甚至神游天外的主要原因吧。

长大以后，“茫唠阔”积习难改，我那茫茫然的性情和某些生活技能上的低能，并无改观，各种糗事一箩筐：永远丢三落四，总也学不会开车；盯着 123，读成 456；去饭店或 KTV，出门上厕所，一定要带着手机并记清房号，否则就很可能再也找不回原来的房间。我最理解不了的，是那些随便在路上一杵，就能明确指出“东西南北”的人……妖怪啊！

当然，我倒是一天天理解了那个名叫“茫唠阔”的小姑娘：人自出生起，应该就不只需要汲取，也需要释放。当那个自然而然以沉默面世的孩子，一天天被这个世界所吸引、所打动，所震撼，却无从表达时，她势必会忘记和忽略一些在她看来并不重要的事：筷子怎么用重要吗？本来就讨厌吃面条啊；闹钟看不懂重要吗？可以用电子表呀；辨别方向和记路重要吗？走南闯北这些年，也没把自己弄丢嘛……世界这么大，有趣的东西这么多，她需要专心致志，去记住那些更值得的事。

人的长大与老去，势如流水。当我脑子里不可避免地充斥着成年世界所认为“很重要”的事情时，当年那个在路上走神丢钱丢粮票的“茫唠阔”，她小小身子顶着的大大脑袋里，所想象、憧憬以及盼望的世界，一定是比现在的她每天没完没了关注、烦恼和操心的事，要有趣得多，美丽得多，也快乐得多吧？

可是，我真的不想回到 17 岁

朋友圈看到一句话：我愿用所有跟你相换到 17 岁。

心里动了动，然后扪心自问了一下。嗯，17 岁，真是个好年纪。可是，我真的一点儿都不想回到那时候。

17 岁的我，高中女生。不高不矮，不俊不丑。正值青春期，却从不叛逆。唯一的焦虑是偶有青春痘鼓在脑门或鼻头，红通通顶几天。从未想过用化妆品遮盖，只在楼道偶遇高年级帅男生时，飞快低头、速速躲开。心里当然知道，人家根本不认得我是谁。

我是绝大多数普通孩子中的一个，没遇到帅气又是学霸的同桌，也没在洒着金光的舞台上唱《友谊地久天长》。世界远不如今天这么铺展开阔，除了课本，我只能在课桌下偷偷看金庸、古龙、岑凯伦的书，还有满布方框框的《废都》。生活是本刚刚翻到扉页的书，所有后续都写着“好好学习！好好学习！好好学习！”作文课年复一年要写“我的理想”，却从来没有人告诉我，除了考大学，理想究竟是什么。

所以我回去干什么呢，难道要再经历一次考不完的试，做不对的数学题，以及永远也走不出的少女忧郁？上天不曾赋予我一张娇柔的脸，却不小心给了我一颗造作的心。为赋新词强说愁，是要很多年后才能觉悟的幼稚好笑。

那么，我要回到 21 岁吗？哦，不，当然也不。那一年的我，大学女生。脸上的痘痘仍会不请自来，原本还算清瘦的身形也在杭州湿冷的冬日里，徒然猛增二十斤。偏又进了一所艺术类院校，美女如云，条儿顺、盘儿靓。少女自卑尚未褪去，又添了些屌丝女青年的绝望。喜欢上一个人，也只是远远瞅着，明明从没开始过，仍让自己沉溺很多年。

后来我知道，当年的同班同学，不止跟我一起上课，还同时修了其他学历。也有人，或认认真真谈恋爱，或兢兢业业走仕途。还有人早早就开始在各个电视台实习，为将来找工作做准备……只有我，似乎是在梦游中度过了 21 岁。无论过去多少年，关于那段岁月的记忆都是灰色的，灰得像杭州永远过不去的雨季。那些灰色包裹的，是我微微初开却毫无出路的情窦，更是一颗浑浑噩噩看不到未来的心。

可是，谁的年少不糊涂？那个年代大多数人的青春，没有人指导，来不及后悔。青春片远不如今天这般流行，但即便是到了今天，也没人能明白指出，一个没有姿色、没有专长，个性不鲜明，连缺点都不突出的普通大学女生，究竟应该怎样拥有值得回忆的青春。

所以我该希望回到几岁呢？你若问我，如果能够重来一次，还会在 24 岁离开家乡吗，即便要去的那个城市举目无亲，前途未卜——嗯，是的，我会；还会在 29 岁时嫁给现在那个人吗，即便其实过了很久以后，我

也不是很清楚到底该怎样做一个合格的妻子或母亲——嗯，是的，我会；还会在35岁时辞去电视台的工作吗，即便那是我学了也做了很多年的专业。而且，在这个仍是异乡的城市里，我并不知道未来还有什么路等着，还有什么人可指望——嗯，是的，我会。

佛说人生七层苦：生、老、病、死、怨憎会、爱别离、求不得。活着的真相，是必须与各种苦时刻面对。所谓修行，也不过是不怕苦，怕不知苦，然后知苦而生厌离。人间每一秒钟都有生死，我们每一秒钟都在变老。如果从今往前回到的任何一刻，我所做出的，都还是曾经的选择，那么重新回到那一刻，再次经历那些苦，又有什么意义呢？

八月长安在《最好的我们》里说："当时的他，是最好的他。后来的我，是最好的我。最好的我们之间，隔了一整个青春。"但究竟什么时候才算最好？17岁年少，20岁还小，30岁往上，出格的事儿也做过不少。跌跌撞撞40岁，回头看看，之前的每一年，都会有一些幼稚的举动，让人恨不能重回当年，把自己的脑袋拧下来，再狠狠骂一句：你这个超级大傻瓜！

所以我一直相信，刘嘉玲说"现在是我人生中最好的年龄阶段"，大概并不是美人迟暮的嘴硬或自我安慰。生命匆匆忙忙，来日并不方长。把每一天都过成生命中最好的一天，不是不知羞耻的瞎励志，而是可渡一切苦厄的真智慧。

书影里的时光流变

唱歌是件特别暴露年龄的事，尤其如今的 KTV，老少咸宜。从《打虎上山》到“左手画龙，右手画彩虹”，只有不会唱，没有搜不到。于是，每当与比自己年轻太多的人唱歌，都会产生严重跟不上时代的挫败感。但回头想想，当年我们迷齐秦、孟庭苇、小虎队时，家长们也会很奇怪：为什么放着那么好听的《万泉河水》不听，要听那些奇怪的靡靡之音？

关于年龄，有很多东西可以将“你们”和“我们”分割于悄然无声中：你们和我们曾经玩过的玩具，你们和我们曾经看过的动画片，你们和我们曾经追过的星……还有，你们和我们曾经看过的书。

印象里，我的父母一辈子节俭，在读书订报方面却从来没有吝啬过。大概从我可以独立阅读起，家里就几乎没断过专门为我和妹妹订阅的刊物。《看图说话》《儿童时代》《童话大王》《小猕猴》，再大一些就有《中学生作文选刊》《作文通讯》《少年文艺》，以及从《读者文摘》到《读者》，从《三联生活周刊》到《小说月报》……

有一天我跟同事小朋友提起这些，意料之中的一脸茫然。偶尔有个孩子知道郑渊洁，还是因为她是郑渊洁儿子郑亚旗的铁粉，“太帅了，太聪明了！”

除了提供适龄读物，家教很严的父母对于自己的孩子到底在看什么书似乎并不在意。小学毕业那年暑假，我堂而皇之地看完了我爸书柜里很多之后被列为“禁书”的大部头。也是过了好些年我才意识到，像他这样一贯又红又专的老警察，怎么会由着一个黄毛丫头看体量和内涵都那么厚重的书？

从那些书开始，我爱上了纪实文学，尤其偏爱此种风格的小说：从维熙的《大墙下的红玉兰》、张贤亮的《习惯死亡》。有段时间天天追晚报上连载的钱刚报告文学《唐山大地震》，被赤裸裸描述的灾难场面吓到半夜睡不着，解决办法居然是蒙着被子继续往下读。

当然，我也毫无顾忌地看过我妈梳妆台上几乎所有《妇女之友》《两性之间》之类的杂志。想想自己没有如后来某些教育学家所说，因此而变成问题少女，也算幸运。

中学以后，数理化成重灾区。爱读书的好孩子，变成了“爱读闲书”的问题学生。我是在数学课和物理课上读完了全套金庸、琼瑶、亦舒、岑凯伦和三毛的书。高中时，学校突然风行“三大本”：《白鹿原》《废都》和《骚土》。高年级学生看完了传给低年级，都是背着老师偷偷摸摸看。但即便看了，其实基本不懂，要到很多年后重读，才能体会作者用心之一二。而对当时情境，唯一能记住的，是大家窸窸窣窣翻书和心心念念等待的刺激。

也是从那时起，我迷上了侦探和推理小说。不但看英国的柯南·道尔、阿加莎·克里斯蒂的书，也看中国的“卫斯理”“金明”。后来看了很多王朔的书，让我印象最深刻的，却是人民警察“单立人”。

岁月流转，书市激变，我胡乱读书的习惯却一直没改。大学时喜欢余华、顾城、D.H. 劳伦斯，也看池莉、卫慧、安妮宝贝的书。后来连郭敬明的《小时代》三部曲都边笑边骂看完了。最近一次我与书的故事，是有一年罹患肾结石，激光排石手术后生不如死的三天，我是靠着七本《哈利·波特》度过的。直到现在，那套立了汗马功劳的书还摆在书橱最显眼的位置。每当看到它们，我就会想起疼，然后告诉自己：你！那种痛都能熬过来，还有什么可怕的？

成年后，我开始独自闯荡世界，偶尔听人说自己家里“连片纸都找不到”，简直吃惊死了：那难道不是地球上最荒凉的所在吗？相比之下，每当回望来处，发现属于我的那一段段时光，都是由书所标记，就会觉得自己无比幸运。

我的父母，文化水平都不算很高，但他们却在有意无意间，为我缔造了一个足以支撑一生的世界。在这个世界里，我可以不太美，不很聪明，理想不太远，成就不太大，但它是个可以生长延伸的世界。我可以在那片已经足够深厚广阔的大地上，继续辟疆破土，生根发芽，开出属于我自己的，美丽的花。

春风十里吹跑你

青岛的春天，总体来说是美的。繁花生猛，气温宜人。可是一旦春夏之交，风就狂了。加上各种柳絮杨花，真一幅“大风起兮，满街刺挠（青岛本地话，意为被很小的刺弄得又疼又痒）”的盛景。

这等春日，我下江南。清晨，我在苏州火车站里一个面积巨大的斜坡上，摔了个华丽丽的大跟头。

那是一面从上往下的斜坡。正在狂奔中的我，毫无征兆地肢体协调机能全部紊乱。脑子里那句“哎呦喂我为啥控制不了我自己……”还没念完，啪叽，人就已经五体投地扑倒在了坡中央。对，就是俗话说的“大马趴”，也叫“扑街”——请自行用广东话朗读。

用了不到一秒钟，我便从直挺挺趴平的体位中回过神来。手机、身份证、充电宝等一众物件正摆在我眼睛前头，就好像它们早就端端正正等在那里。又用了不到五秒钟，我捞起所有东西，飞速爬起身来，继续向前狂奔。

就在三个月前的一个晚上，我赶夜车。也是这个斜坡，一中年妇人衣衫凌乱，盘腿端坐其上。从我看见到离开，她始终用自己响彻云霄的嗓门、味道纯正的河南口音以及各种不可描述的言辞，翻来覆去哭诉和咒骂身边那个仓皇无助站立着的男人。可以想见，这里大概每天都在绊倒着我这样慌慌张张的赶路人，也透坐着那样一位不管不顾的倾诉者。是的，你才不是一面没有故事的大斜坡。

英勇扑街的前一天，我在苏州参加了一位业界大佬的画展开幕活动。此大佬近几年来因多才多艺、性情爽朗而誉满江湖，更是我心目中“真男人”的代表。然而场下见大佬，眼睛很大，眼袋比眼睛还大。疲惫、憔悴、手不离烟，心事重重。并不很快乐的样子。

在公开讲座里，大佬承认，人人都说他的画作，技法松弛，配诗更是嬉笑怒骂、恣意自由。但事实上，呈于世人眼前的每一个画面都是研磨许久的产物：“你看着很简单的一条线，我也会画得非常仔细，非常小心，非常讲究”更不用说每幅画与每首诗的搭配，遣词造句，排兵布阵，运筹帷幄……没有一笔是随随便便的，没有一句不是深思熟虑的。

佛罗列斯坦说：“珍珠是不会浮到水面上的，要寻找她，必须冒着生命危险潜入到深水里。”越是对自己有要求的人，越容易在自己所在意的事情上殚精竭虑。所谓“大智大悟，举重若轻。大作大家，淡泊宁静”，某种程度上是人们对自我真实能力的清晰认知之后，明知不可得而心向往之的境界。真以为陶渊明是主动避世呢？不过是“日月掷人去，有志不获聘”的无奈罢了。

我等俗人，无论多么不甘疲惫，都要过着急急忙忙赶早班机的日子，也只能在人潮涌动的候车厅摔个大马趴时，若无其事爬起来继续往前跑。人生何处不尴尬。人人都想看起来风轻云淡，担心太过使劲而显得面目狰狞，却不料外人眼里的从容自若、谈笑风生，都只是自尊自爱之人扯来装点门面的虎皮与大旗。“举重若轻”，说起来容易，也许不过是数不清的心力交瘁，说不完的苟且狗血，道不尽的苦挨强撑。

江南的那个早上，当我转换了三种交通工具（出租车、高铁、机场摆渡电瓶车），赶在检票之前坐进阳光明媚的候机厅，有出气没进气地狂喘时，右手掌和左胳膊的摔伤才终于默默冒出几根面目可憎的血条儿来，膝盖着地部位更是迸发出后知后觉的灼灼痛感。忍痛翻手机，朋友圈里传来消息，青岛机场大面积延误，因为“春风十里，真能把人吹出老远去……”

人生何处不尴尬

1

如我这般不求上进的人，竟也曾有过两年创业开公司的经历。

公司很小，三五个人。本以为业内有些积累，人也到了再打工就要被领导叫大姐甚至阿姨的尴尬年纪，旁人一哄，脑袋一热，就那么做起来了。

谁想做起来容易，做下去难。技术好说，客户难求。有懂行人再三点拨：要跟人喝酒，要多跟人拉关系，要经常出去跟人坐坐，别总把自己当文艺青年……又听闻有人为接百万级项目，成日陪那主事人喝酒唱歌，并最终奉上万余好处费。结果自然是好的，那个百万过后不到半年，又是一个百万。“你行吗？你就算有钱送，也拉不下那个脸来！”

“要不你去找找那个谁？反正本来就有过合作，对你的专业是信任的。他不要钱，给他找个美女就行。”低头想想：“不去。脸太臭，人品太差，根本无话可说。”

预料之中，人们一脸意味深长、早知如此地笑。

我只能当没看见。就算情商再低，好歹岁数一把，又怎不知那些明规则、潜规则以及早已成明规则的潜规则？怎不知那些面子里子，在票子面前不过都是孙子？又怎不知想要抬头做人，必先低头求人，既要做婊子，就不能立牌坊的道理？

我本无意做强人。不过带几个小人儿，挣两个小钱儿。大富不必，小钱有余。却还是难。

能创业者，自有他的所长。明白屈伸，懂得取舍。吃得苦中苦，方为人上人。而不似我，眼睁睁把自己的人生走向了不想开无聊会、不愿打没用卡，不喜欢被人管，却又拉不下脸来管人、舍不得躬身求人的尴尬境地。

唯一能标榜的是人还没做烂，不至在江湖上落个不好的名声，出得门去还敢抬头做人……“少来吧！你自以为问心无愧，岂不知人家怎样看你。像你这种臭脾气，想做个没人骂的人，还真是没戏。”

悲催。

从此放弃。认认真真做个打工的人。

2

那天遭朋友嫌弃，说我在朋友圈晒猫的频率太高，“跟那些成天晒娃的妈有啥区别？”

这还真是件让人尴尬的事。因为我的确曾经想过，如果自己有孩子，绝对不做“晒娃狂魔”。

我养猫的经历，不止一只两只。先是在雨天不小心捡了，从此化毛膏、眼药水，铲屎、洗澡、剪指甲……中间它生了一次病，再加上绝育手术，没少花钱。后来又觉得它孤单一只好难过。你对它来说，无论多亲近，到底是个异类，还是得有个同类陪着才开心吧？好在大街上流浪猫总是不缺，于是就又捡一只，化毛膏、眼药水，铲屎、洗澡、剪指甲、绝育……再来一遍。

闺蜜们都说我太能操心，真该生个娃，“肯定是个好妈！”我却完全没有这个自信。你若养他，怎能忍心不让他舒服，不给他快乐，不心心念念希望他在你眼皮下长得最美，得到最好？猫且如此，换成个孩儿，我这颗心不知道还得分成多少瓣儿。如果明知给不了，那我为什么要？

“别人家娃都能那么活，就你的金贵，就你不能？”

好吧。那就权当我是太过玻璃心吧。自己操的心自己懂，自己选的路自己走。我也别嫌你晒娃，你也别笑我养猫。各得其乐，各安天命。

3

有个微博时代认识的人，自称教授，后来发展到朋友圈。我发任何东

西，他都从不评论，却总会在第一时间发来私信。点评文字，称赞照片，偶尔也会说说他的事业。后来有一天，突然说：“我想你是能感觉出来的，我很喜欢你。请问你的婚姻状况……”

我一点儿也没反感，只觉好笑。我们的社会早就过了只有同学、同事及邻里关系才能发生的男女关系。任何一个人为建立的圈子，山友群、股票群、博友群、微信群……都是将一群原本陌生的人纠合在一起，男男女女，老老少少。而他们早早晚晚，都有可能脱离创始人原本单纯的目的，偏离爬山写字、交流股票经验、分享创业经历……在看似风平浪静的表面后头，谁知道早已暗流涌动了多少私信、私交与私情。

虽说四十岁的人谈恋爱，永远也找不到十八岁的心跳，但这世上少有安于现状、一气儿到老的人，多的是抓住一切机会渴求新鲜、蠢蠢欲动的心。你可以控制自己不见网友、不爱陌生人，却无法阻止其他人利用各种关系让自己重新恋上、重获青春。

所以大多数时候，我选择对各种群活动敬而远之。不是兀自清高，确为定力不足。而且，优质的人不扎堆儿。

对于教授的提问，我答：“这个，我孩子都已经八岁了，呵。”

自此再无私信。偶尔公开场合，谈国事论社会。相安无事，两不尴尬。

春日小确幸

1

2008 年做了几颗烤瓷牙，当时的大夫说这牙的寿命也就十年，到期后就要换一换。眼瞅十年期限已到，就老惦记这事儿。岁数活了一大把，早就知道凡事必得未雨绸缪，别硬等真出了事故才去补墙。于是托朋友介绍了相熟的牙科诊所去看牙。

结果，那位操着浓浓青普，双眼皮很宽，大半个脸一直藏在口罩里的钱姓大夫轻轻巧巧几句话："目前看来还没啥问题，注意刷牙，注意保护，再用多久都没问题……"简直是蹦着高地出了门，实在忍不住心中雀跃，回头又跟人嬉皮笑脸：谢谢啊，帮我省了好多钱！

所谓小确幸，就是在春日融融的牙科诊所门前，发现自己一直惴惴不安的每颗几百到上万块不定的烤瓷牙，原来可以不用做啦。

2

计划了好久要送爹娘去南方玩，娘的肚子突然莫名其妙疼起来。不严重，她也不说。忍了好几天，吃了不少消炎药，就是不见好，这才急了。对她来说，能出去耍，是比身体出多少状况都重要的事。对我来说，出去玩，身体总是不舒服，又怎能放心。于是请了假带她去医院。

因为某大型会议召开在即，青医附院门前那条路与全市其他很多地方一样，已经横七竖八变成了迷魂阵。好不容易绕着弯子找到候诊区，电子屏上的字，一行黏着一行，完全没有行间距，红彤彤糊成一片，大概压根就没打算让人看清楚。

更没想到的是，如今的医院，从挂号、付费到预约、取药、拿报告……全程自助机。我一大好青年，稀里糊涂试错一两回，也算能顺畅操作。可怜不少上了年纪或看起来对仪器不很灵光的人，那一张张对着闪屏手足无措的脸。

挂的专家号，五十岁左右的女大夫，气质蛮优雅，就是脾气一直蹲在脑门上。我带我妈等在里面，看她逮谁怼谁。好在也许是我们娘俩还算长得面善，没被怼没被训，问了两分钟，就速速被打发出来验血、验尿、做 CT。

所谓小确幸，就是在农贸市场一样的医院里奔走两天，花了几百大元，得知俺娘其实没得啥病，就是有点儿着凉，“弄个暖水袋焐焐就好”啦。

3

清明三天假，大风降温。原本的出行计划，变成在家玩耍。约了几个闺蜜，陪爸妈吃火锅，打麻将。

说起打麻将这件事儿，闺蜜们基本都是在我家学会的，之后的几乎所有麻将也都是在我家打的。但许多年来，我们的麻将局渐渐形成了一个固定的模式：我家的桌子椅子麻将牌，我家的吃吃喝喝水果茶，以及我家的我，一直在输。

如今，我那做财务出身、精于各种游戏的老娘在家，局势稍稍有了变化。总是能轻松赢牌的 lu 姑娘，偶尔也会发生全场一局不和的事儿。只有我的始终不胡不赢是不变。然而乐趣仍是有的，一乐“三卷一”的战局终得改变，二乐旁观我娘和 lu 二人你来我往，明争暗斗。

最终我得出结论：智商上她们也许真的比我高点儿，更重要的却是求胜心。绞尽脑汁地看牌、算牌、想牌，以及因为不和牌而絮絮叨叨甚至大光其火的失落……对于我这种无论输多少都死猪不怕开水烫的选手，的确理解不了她们对赢牌的强烈愿望。反之亦然，她们大概也不明白，这么没完没了地输，我为啥就不能再多动动脑筋。付出多少，收获多少。你有多想赢，有时候是可以决定你能赢不能赢的。

走神想这些的时候，坐正对面的我爹已经把一张牌看了两分钟。一想起自己的总是输以及无所谓，完完全全来自于他，就忍不住赞叹基因的强大。

所谓小确幸，就是在八级狂风的十二楼里，热气腾腾吃火锅，糊里糊涂打麻将。我一直在输，却愉悦于身边人的聪慧，并大剌剌接纳了自己的不赢。

4

看完牙，打车回公司。车过浮山，看到漫山遍野的小黄花，是叫迎春花，还是连翘的。亮晃晃，细细碎碎的小，却因为规模盛大，美得让人想哭。大风终于吹走了冬寒，春天却来得这般匆忙。

低头看手机，赫然一条新消息："武汉理工回应'陶崇园坠亡'：王攀与学生认义父子，停止其研究生招生资格。"

从西安交大的杨宝德，到武汉理工的陶崇园，再到相继曝出的南大沈阳事件……就像被打开的潘多拉盒子，舆论大哗。

所以，你怎么能指责我会胡思乱想呢？我的学生时代，是怎样度过的？你，你们，大家……所有芸芸众生，每一个普通个体，每一段无论光鲜亮丽，还是蝇营狗苟的人生，又都藏着多少无法示人的暗疾与硬伤？

所谓小确幸，就是回头看时，发现自己磕磕绊绊，有惊无险，竟已度过大半生。当我还能坐在春天的风里，看花，憧憬，想念，慨叹……然后明白世界从来都不美好，却也必须非常努力地活在这人世间。

5

昨晚又是一夜梦。镜子里看到自己的头顶完全秃了。用手去摸，手指肚摩挲头顶皮肤的触感，真实到简直要当场醒来。却也并没有怕，只是从第三人的视角，看到另一个“我”走过来，站在那个秃脑袋旁边，把自己的头顶给我看。同样的角度，同样的姿势，同样的穿着，完全一模一样的两个脑袋，唯一的不同是，这第二个“我”的头上，顶着又浓密又闪亮的栗色短发。

所谓小确幸，就是大梦过后一睁眼，伸手摸了摸脑袋顶：哇哈哈哈，我并没有秃！

受伤

早上下雨，打了辆车。车来收伞，不知是个什么寸劲儿，被伞骨戳破了指头。没感觉很疼，又忙着上车，就没太在意。等坐定绑上了安全带，抬手一看，左手食指指肚上，殷红红涌出大血珠来。仔细一瞅，一块皮肤呈三角状翘起，像正在笑话我的嘴，咧着。

这下雨的一路啊，我百思不得其解究竟是怎么受的伤。一根并不尖锐的伞骨，没有太用力的左手，收伞时基本使不上劲的食指……却流了那么多血。

往前数不到一个月，在某大佬办公室喝茶。好端端递杯子接茶，小手臂经过看起来波澜不惊的壶嘴，立刻被水蒸气狠狠咬了一口。当时有些刺痛，却也就只是红了一小块。涂过烫伤膏，就没当回事，不料从第二天起，那一小红块先后经历了起大水泡、整个小手臂全都肿起来、水泡破、伤口迟迟无法愈合，终于消肿、结痂、刺痒、掉痂……然后此刻，我右手臂上正有个嫣红溜圆的疤痕，不知道的，还以为是个胎记。

再往前数俩月，与友人聚餐，显摆厨艺，擦胡萝卜丝。菜擦板是主人家新买的，顺滑度欠奉，钢擦子的锐度却是一等一锋利。从上面擦下去，稍一卡顿，力道丝毫没减，方向却变了，扑哧……我从来不知道一根小小的拇指竟然能冒出那么多血来，废了厨房一大卷吸油纸不说，创可贴先后渗透三条。血止住了才发现，右手大拇指妥妥削下一块肉……（当天吃饭的人们，敬请忽略此段，以防留下心理阴影，哈哈！）

再再往前，大概今年春节前后，早起熬粥。为了速度，用了高压锅……各位看官应该已经猜到发生了什么。后来某人评价说，正在工作着的高压锅，从里到外，应该有包括限压阀在内的五层保护措施。而我，愣是以一己手无缚鸡的力，生生把那锅盖给揭开了。结果就是，一整锅正欢蹦乱跳翻滚着的稀饭全部扑洒在我的左手背上。之后大概有近一个月时间，我一直举着那只干巴巴黑乎乎乌鸡爪般的左手，向全天下昭告"我做早饭啦！"

……

长此以往，以我大狮子难以自控的显摆本性，朋友圈里于是总是流传着我的各种受伤事件。不止一人恨铁不成钢地表达了同一个意思：你是怎么活到这么大的啊！

谁说不是呢。打小我就不是个对自己特别小心谨慎的人。矫正牙齿能把牙箍弄断，拧毛巾用力过猛能把自己拇指绞下一块肉来。学骑自行车，两个膝盖全摔破，却从来不知退缩，旧伤还没好，新伤盖上去，红药水还没消干净，紫药水又涂起来。于是那一整个夏天，家属院广场上的大人小孩，总会看到一个彪呼呼的傻妞儿，顶着两坨红红紫紫的膝盖头，横冲直撞，跌跌起起。

好在皮肤愈合能力还不错，除了左膝盖因为反反复复摔得实在厉害，留下个永垂不朽的疤痕，我曾经受过的大多数伤，都随着岁月流逝消散不见，这大概也是我永远记吃不记打的主要原因。而神经大条往往体现在更多没有实际后果的事情上：因为晕车，我坐任何车都会选据说危险系数相对较高的副驾位；做媒体时经常加班，独自走夜路、独自在凌晨无人时爬高楼，从没怕过；赶红眼航班从北京回青岛，机场往家的出租车上，我心无旁骛睡到昏天暗地，直到司机师傅把我叫醒……

顺风车命案发生之后，我速速卸载了手机上的滴滴软件。因为无论人们对事件前因后果、各方各面有怎样的猜测与解读，在我看来，那两个香消玉殒的姑娘，其实什么都没做错，唯一的解释就是运气不好，正好在那样一个时间点遇到那样一个坏人。反观我自己，如此这般自我保护意识奇差的人，行走江湖几十年，有惊无险活到今天，唯命好尔，无他。

人的一生，究竟要经受多少才能活到老？童年创伤、残酷青春、年少轻狂、中年危机……在一大波纪念蓝洁瑛的文章里，有句话让我心有戚戚：“是嘲讽吧，你以为人生要完了的时候它还在继续。你以为人生可以重新开始的时候，它已经完了。”这世上有人想长命百岁，磕头拜佛徐福东渡；有人讲意义情怀，千山万水九九八十一难一路向西。

一些人漏夜赶科场，一些人辞官归故里。有多少种人生态，就有多少个选择项，谁都没有错。既然生死二字谁都逃不过，那些独一无二的经历，包括伤害，也许才是我们活着的意义。世间好物不坚牢，彩云易散琉璃脆。生命有时，快乐有时，连凤梨罐头都有保质期，何况人的生命。生存即苦难，还是及时行乐的好。

只诉温暖不言殇

周末两天，过得甚是惊悚。也不知是哪一口贪得坏了，胃与肚子一起闹革命，轮番剧疼。抱马桶狂吐，浑身发抖冒汗，腰酸背痛抽筋，鼻涕眼泪齐流，哭天不应、喊地不灵……死的心都有了。

最难受的时候，发了条微信：“病来如山倒”。过会儿想想，删了。蒙头一场大睡，天亮该上班了，病也莫名其妙好了。

与朋友黄姑娘聊起这事儿。她很不厚道地嘎嘎笑：“你行，多么热爱工作。生病趁周末。”于是咱也兀自悲戚地哀叹了下命苦。但转念一想，比起生病时的难受劲儿，当然还是老老实实被工作虐要舒服些，立马就又舞舞扎扎快乐起来了。

关于那条删掉的微信，也小庆幸了下。否则，一味挂在那里晒，除了收获七嘴八舌的问候与担忧，唯一的作用就只能是回头再看，重疼一遍。

回想起，在那遥远的过去，我也曾是个春末叹花落，秋来悲凉风的家伙。开心嚎两声，不开心也嚎两声；生病必须嚎两声，失恋失意更得嚎两声。对于一个除了能写几个字，就没有任何解压方式的人来说，有事没事絮叨点小情绪，赢得点小关注，收获同感三两句，听取赞同七八声……那又小又弱的心灵，大概才能感到些许充实与满足。

有趣的是，凭着这样的咿呀絮语，我竟也得到了一定数目的读者。尤其那些对世事似懂非懂，对情事不清不楚，对人生模棱两可的丫头小伙儿，竟也会把我当个知心姐姐，用同样的絮叨与哀怨与我分享。我倒也不知羞地有些小自得，甚至于，还真有段时间相当热衷于给人当情绪垃圾桶，以为自己真就睿智了、聪颖了、善解人意了。却从未想过，热衷于倾诉，也许恰是不成熟的表现。区别仅在于，人家说给我听，我说给大家听。

后来有一天，与一大学同窗相遇，说起最近遇见的师姐。她当年在学校曾与一老师发生感情纠葛。那人师德全无，不止占了便宜，还对当初承诺全盘否认，置之不理。师姐想不通，直闹到情绪失控，跳楼寻死。后来不知学校是如何处理那老师的，师姐就落了个劝退回家的下场。转眼多年过去，我唯一记得的是师姐双目无神，不断与人叨咕自己悲苦遭遇的情景。

不料那同学说，她现在很好，成家有了孩子，在电视台的工作做得不错，精神状态也完全恢复，“只是只字不提当年事”。

我看同学带回的两人合影。当年读主持人专业的师姐如今已是中年发福，全然不见美人模样。但就算隔着照片，我仍能感受到她的微笑和眼神里透出的安详，那种万般世情都看遍，再无波澜可伤害的，安详。

世上原本就没有感同身受这回事。对于当事人的心如刀割，旁人无论多么了解同情，统统无济于事。能说出来的苦都不是真的苦，轻易送出的承诺往往并不真诚。没人会真的明白，他人的故事里究竟有多少快乐悲伤。终有一天我们会明白，宁可保持沉默，也不要向那些根本不在意自己的人诉苦。

更何况，世界这么乱，人生这么苦，我也不容易，你哭给谁看？

心灵鸡汤大师德卡先生说："成年之后，许多人事让我懂得沉默的力量，亲密的弊端，不轻易寄希望和依赖于他人的快活。"说通俗些，人人生而孤独，想要拿来与人分享的苦痛，终会越来越少。我开始爱上那些每天早上在微信里道早安的太阳花，爱上有位姐们儿就算在说机场延误的事，仍然一串笑脸哈哈不停……人活一世，承受苦难和挫折原本就是必修功课。不轻言痛苦，不纠结后果。放下令自己不悦的事，放手令自己卑微的人。有生之年，只诉温暖不言殇，花渐浓，茶渐醇，倾心相遇，温暖相陪……那便是最安妥最平静的心之归处。

还是黄姑娘，说过一句让我禁不住莞尔的话："说什么'别低头，皇冠会掉'，先搞清楚自己有皇冠没有好吧！"可是回头想想，我们每个人都该假设自己头上是有皇冠的吧。那顶皇冠，镌着尊严，刻着自省，铭记着我们这一生最深沉的孤独，最美丽的骄傲，以及，那些永远也不会说予人听的故事。

担当在人间碰上的一切

有天半夜，突然被疼痛吵醒。这痛来得特别莫名其妙，就像正开开心心吃喝，却突然被拉起来去采访。着实恼火。

刚开始以为是岔气，试了各种方式——深呼吸然后憋气然后再深呼吸；反复揉搓疼痛点，甚至直接用拳头猛捶；站在沙发上大喊啊啊啊哈哈哈；还有就是吃元胡止疼片……网络发达的结果是，人人都可以是自查自纠的“大夫”，反正无论你在搜索框里输入何等奇葩的问题，总会有各种更奇葩的治疗方案跳出来，一方面让你感慨世界之大无奇不有，另一方面作为病体，你心里会稍有安慰：哎哟！原来不止我一个人犯这病，原来不是啥大事儿，原来高手果然在民间……

然而两天过去，除了猛吃两盒元胡止疼片，在药效期间还能睡个囫囵觉外，痛楚的程度却在逐渐加重，疼痛的时间也在变长。痛感已经由之前只有深呼吸的时候才疼，变成随时随刻都在疼，痛点也开始慢慢向左边胸部靠上位置集中——准确说，就是左边锁骨往下数的第一根肋骨和第二根肋骨之间。

题外话是，自打减肥之后，我已经能清楚数出自己身上的所有肋骨，据说这种身材实际上是男人不喜欢的，因为“手感不好”。然而鬼才知道所谓“脱衣有肉，穿衣显瘦”的境界有多难寻。所以女人们宁可晚上躺在床上一边摸着自己浑身的肋骨默数，一边叽叽咕咕偷笑。反正胖了会被嫌不好看，瘦了会被嫌手感差，练成一身腱子肉嫌你不温柔，不爱动又说你死气沉沉没活力。既然那么难伺候，什么手感谁在乎！

题外话完。在反复追寻痛因而不得果的时候，肖神医心惊胆战地捋清了自己绝对没有岔气。不动的时候，左半边身子全疼。呼吸的时候，从皮肤到内脏全疼。按压某个点的时候，更是生不如死的痛——这要是岔气，那简直就是岔气中的战斗气啊！于是，我这颗比其他女人都要大一些的脑袋里，开始七七八八、奇奇怪怪地飞跑过各种可能性：是结节吧，甲状腺或者淋巴？我妈身上就爱生结节，这玩意儿据说遗传。或者是乳腺增生？这位置也有点儿太靠上了吧。或者干脆就是，肿瘤？

就这么一边瞎寻思着，一边一遍遍摸自己左边身体从上往下第二根肋骨，然后绝望地发现，它已经高高地，肿起来了。

对于疼痛这件事，我自认还是有点儿耐受力的。遥想当年急性肾结石发作，在整整熬了两个晚上，终于站在医生面前时，主治医生伸头直往我身后望：病人呢，病人在哪儿？我指着自己的鼻子：我，就是我！中了奖一般。

那位安姓大夫的表情到现在仍然历历在目：怎么可能？你这种程度的肾结石，大老爷们儿都满地滚着哭……于是，比大老爷们儿还爷们儿的肖瑶同学特别淡定地趴在了碎石机上，并且在安大夫叮嘱说“之后三天，如果实在疼得不行，就来打一个止痛针”时，异常英勇地认为，止痛针会把脑子打傻，我才不要！

事实情况是，在肾结石手术后的恢复期里，我不止打了一个止痛针，还吃了若干止痛片。在发出各种哭天抢地哼哼哈哈的呻吟，并尝试了躺、趴、卧、蜷、挺等各种体位后，疼痛并没有一丝一毫一时半刻地衰减。最终，我是靠着整整七本《哈利·波特》才熬过了三天三夜，一眼没合。

病来如山倒，病去如抽丝。与其这么胡思乱想吓自己，我决定还是往医院去一趟。曾看过一个关于疼痛的专题，说长久以来，中国人都将临终前的癌痛和女性生产时的产痛，视为理所当然，“我们会歌颂关云长刮骨疗毒时对疼痛的无视，也会在日常生活中选择忍耐疼痛，甚至会认为无法忍受疼痛是一件既娇气又矫情的事。”我也曾跟朋友聊起过关于生死与病痛的事，不止一个同龄人说自己一直很抗拒体检，因为“宁可不知道，省得烦恼”……

可是人生哪有那么多自以为是。疼大概可以忍，命也可不过于惜，最怕却是病到尊严全无。所谓“好死不如赖活”，岂不知人生最大的快意却是活着不疼，死时不拖。在这生与死之间的几十年里，不讳医忌医，不逃避问题，有病就治，有痛就止，随时知道自己的身体状况，最起码可以主动安顿自己的生活。能活得长呢，就别成天蝇营狗苟、匆匆忙忙，生命本就是用来浪费的。活不长了呢，那就赶紧收拾心情，想干点儿啥干点儿啥，等到必须走的那一天，也能少留点儿遗憾。

鲍鹏山说，谁知道我们的正果在哪儿等着我们呢，这世上的事儿，谁能说得清，就让上帝的归上帝，自己的归自己吧。“什么是上帝的？我们的命运，出处穷通；什么是我们的？担当在人间碰上的一切。”

最后，我的疼，确诊为因劳累和着凉引起的肋骨黏膜炎。开了两盒新癀片和洛索洛芬钠片，完。

当我老了

腰疼几天，去了医院。白净的眼镜医生指着我的脊椎片子，给了个艰深的词：腰椎骶化。

我大张着嘴，他却不以为意：大多数人的脊椎都不直，有各种先天病灶。要么腰椎骶化，要么骶椎腰化，“呃，你百度下吧，这都很正常。”然后，他从眼镜上面的空白处望我：“别工作起来就没个头儿。都这个年纪了，还是要注意些……”

走出医院大门，初春大白的阳光直刺人眼。“都这个年纪了”的肖瑶同学忍不住抬头看天。大雨刚过，澄蓝的空中有丝絮样的薄云。春风轻轻吹，云就要往前飘。我没心没肺地跟着云走，转眼就是半站地儿。脖子酸了，低下头来，那个著名句子突然出现在脑海：我已经老了。

嗯，是的。你若骂矫情，我定不反对。近两年，这句话突然蹦入脑海的频率的确越来越高。当我生病时，当我看到特别美丽的年轻女孩时，当我听人兴致勃勃谈他的理想与爱情时，当我面对心仪之人没有想要亲近的欲望时，当我开始分不清鹿晗、陈伟霆、李易峰、蔡徐坤的脸时……

杜拉斯在写下“我已经老了”这几个字时，其实是不需要深思熟虑的吧。老，这件事来得猝不及防又自然而然，不用修饰也无须感受，那么真实又那么残酷。

三毛说：“我来不及认真地年轻，待明白过来时，只能选择认真地老去。”可是，天知道“认真地老去”有多难。绝大多数“老”，都来得仓皇而风度尽失。眼袋就是眼袋，没法冒充卧蚕；法令线一旦出现，你就只能接受它一天深似一天；你不再会因快乐而蹦高，亦不会因愤怒而挥拳；聚会时你会总想要回家，回到家你又总是睡不着觉。

越是年轻时美丽的人，就越惧怕变老。所以女明星们的“肉毒素”脸才会让那么多人指手画脚。可若她们以真实的中年脸面对世人，又有几个人能保证口舌慈悲?

美国肥皂剧《兄弟姐妹》里，老年时重遇爱情却遭到孩子们反对的母亲愤怒地说：“你们以为我看不出来，我每次说话的时候，你们就开始皱眉头、翻白眼、叹气、互相使眼色……”

老去是一种谁也避免不了的状态，对“老”的无奈与感伤，却非亲历而无可体尝。不是每个人都能老得健康从容，也不是每个人都能像杨绛那样，103 岁了，还能说出“少年贪玩，青年迷恋爱情，壮年汲汲于成名成家，暮年自安于自欺欺人”这样睿智的话来。

所以，三毛最终没能“认真地老去”。面对老，她还来不及调整状态，就已经举手投降。

有天与朋友聊天，说起该如何养老的问题。她认为养老院是所有人的终极目标，“当那一天到来的时候，与相投的男女闺蜜合租一栋小楼，然后雇一个护工班子，还可以搞搞黄昏恋啥的。”“当然，血贵。所以现在要赚钱！”

我想了想，问她：如果遇到病痛又当如何呢？老人同居或可享受同龄之乐，但一旦生病，怕也是无法互助的。更不用说瘫了怎么办，老年痴呆了又怎么办？所谓雇年轻力壮的护工班子……只要立场不同，就永远不能感同身受。即便亲生骨肉，也会“久病床前无孝子”。人之老之病时的尊严尽失，怕是任何钱财都无法解决的。

所以我的结论是：这是个死局，无解。

曾经采访过一位养生专家，他说中国人总是不能接受“带病养老”，这是不科学的。今天我终于理解了这句话。人的身体就像机器，任你怎样保养、修理甚至换零件，老化了就是老化了。世间万物都要接受盛极必衰的规律，都要面临损坏、衰败、过期，直至彻底失去功能、成为废品的那一天。

关于病痛，我们得防得治，不能讳医忌医；关于身体，我们要多锻炼多休息，不能使用无度。而关于生命，既已享受过灿若夏花，就得接受秋叶凋零。不是每个人都有资格“渴望年老”，但是，有病就是有病，该老就得服老。这世界不会对谁更好，也不会对谁更坏。它是无意的。

愿只愿，当我老了，那些温暖的、让人热泪盈眶的美好，我曾奋不顾身地爱过、迷恋过；当我老了，我已经把有限的精力，花费在了对的人和对的事身上；当我老了，时间把对我最好的人留到了最后；当我老了，还算是个不那么招人烦的老太太，在每一个春风沉醉的日子里，还愿意抬头看天，还能够跟着丝絮样的云彩，傻傻走一路。

青岛倒春寒

如果一定要选一种天气现象为“最变态的存在”，绝对非“倒春寒”莫属，尤其是青岛的倒春寒。

青岛倒春寒是这样一种存在。冬天磨磨唧唧不肯离去，春天扭扭捏捏不愿前来。在这磨叽和扭捏中，气温一天一天艰难爬升，却总是进三退二。突然有天阳光明媚，浑身暖洋洋的去上班。滴滴师傅主动闲扯：“天儿总算是热了，这一热就不会再冷了吧，看看这都几月份了……”不用美到下午，一阵阴风吹过，心里暗笑：师傅啊，跟倒春寒讲季节论月份，您还算是青岛人吗？

青岛倒春寒是这样一种存在。风是“常驻民”，今儿刮、明儿刮、后儿还刮。坐在屋里，眼看着窗外艳阳高悬，耳边却是没完没了大风呼啸。偏偏办公室和家都在十层以上，这耳朵边儿上，白天呜呜响，晚上响呜呜。低头看遥远的植物，并不见明显风吹草动，于是那风就像是个大怪物，自顾自在半空中啊啊叫。只有真出门去，兜头闯进风的怀里，才知道在青岛的倒春寒里，体重多几斤原来是件大好事儿，保命呐！

青岛倒春寒是这样一种存在。南方早已是花红柳绿，青岛的树枝们还在犹豫：该不该露头呢，该露几分头呢，先露了头会不会被先冻死呢……花儿们却不管不顾勇敢得很，光秃秃的枝丫上，早早有玉兰立起了白的、黄的、紫的，各色花盏，也有迎春花黄澄澄铺满大街小巷。还有樱花、桃花、映山红，红的红，粉的粉，白的白，一树一树开得那叫一个喧腾。讨厌的是每当你看到她们，就会对温度产生严重误判，以为这天儿是真的暖了吧，这春是真的来了吧，然后……忽如一夜大风来，那满地的落红，让你不能不恨倒春寒：实在是太不怜香惜玉啦！

青岛倒春寒是这样一种存在。主妇们早该把冬装洗净收起了吧，姑娘们的短裙和大腿也早就蠢蠢欲动了吧，连淘宝上都已经开始春装打折上夏装了呢……呼啦啦一场降温一场雨，你看大街上的人们，羊毛大衣羽绒服，翻领风衣小短裙。早晚捂得严严实实，仍是瑟瑟发抖。午间脱去外套，走在路上小汗直冒。温差是倒春寒的帮凶，根本不给你讲道理。愿冷就冷，想热就热，看你脱脱穿穿发脾气，它只负责躲在风里咕咕笑。

青岛倒春寒是这样一种存在。所谓春雨贵如油，这场雨却是来得暴躁，呼呼啦啦一整晚，白天还要噼噼啪啪下一天。花儿被打下枝头，辗落成泥。姑娘的暖手袋搁置了一冬，这会儿总算派上了用场。阴寒交加的雨天，窗外是压到高楼顶上的黑色云帽。想起年少时在杭城度过的冬天。大瓷缸子天天黏在手心，作用只是灌满开水捧在怀里。不明白

你青岛大北方，为什么一到倒春寒就要把自己扮成凄凄惨惨江南妹？

青岛倒春寒是这样一种存在。四月停暖是一年中最不人道的规矩，阴冷自此如影随形，室内屋外都不是好去处。好不容易天放晴，文人墨客作诗会。那一树树的樱花儿啊，那一个个的妙人儿，可是太阳怎么就这么不仗义呢，才刚跑出来笑了一下，就速速打道回府睡回笼觉去了。阴风夹杂着小碎雪，喜滋滋扑向人间花丛中。光腿穿薄裙的美女啊，说出倒春寒里所有女人的心声：什么破天儿，实在可恶！

青岛倒春寒是这样一种存在。大风刮走阴霾，刮出好天色。朋友圈里蓝蓝白白刷了一天屏，却让怕冷的人恍惚了判断力。兴冲冲室外走一圈，哆哆嗦嗦跑回来："你看那红花绿叶，蓝天白云，都是假的！"抬眼看远处的海，海平面笔直，波澜不见，一派万物静默的假象——当然是假象，不信，你听听这风。

青岛的倒春寒是这样一种存在。人家的树上已经在摘樱桃，我们的樱花才被风吹跑。人家姑娘早就小衣服短打扮，我们的小伙儿短袖 T 恤外面裹羽绒马甲。人家热气腾腾划龙舟送春，准备吃粽子过端午迎夏，我们还在犹犹豫豫不敢确定自己是不是进了春天……

所以，青岛倒春寒，商量个事儿呗。在我快要冻死在这花红柳绿的春天之前，您好走，我不送。来日方长，咱明年再纠缠，行不？

像春天一样

梦里，很多人，走在路上。

是大学里那条并不长的甬道，尽头是宿舍楼。走过甬道，就穿过了整个操场，直抵教学楼。

二十年前，我的大学，很小。小到男女生只需一栋宿舍楼。每个系都超不过三个专业，所有专业都不过两个班。早上横穿校园，总有播音班同学在草坪或湖水边练声。入校后不久，有我的名字间或出现在清晨冰凉的朝露里，据说那两个字的发音很适合练开口音。

多年后故地重游，宿舍楼没了，甬道拆了，只剩下旧教学楼像汪洋里的小船，可怜巴巴孤立于硕大的建筑工地。它在等待被推倒的时刻，却不期等来一群追溯青春年华的中年男女。人们在旧楼前拍照，却总

有巨大的吊车手臂穿帮。当初感觉那么宽敞的教室，现在坐进去，狭小逼仄。后来参观新校区，独立小城一般，却难挡意兴阑珊。

回到那个梦里。是初春，又似秋末。人们集中在一起，共赴某处参加集体活动。画面寂静无声，也看不清任何人的脸。只有无数晃动的手臂、半个肩膀，以及很多双腿，匀速前行。

我的梦通常五彩斑斓，尤其多见各种红，唯独这个梦，寡淡无比。整个画面被蒙上一层白雾，边缘处淤出光晕。所有人通体银色，透着滑腻，泛着荧光。如深海大鱼，又如末世僵尸。天是影影绰绰的灰白，地是如真如幻的白灰。一群半灰不白的人像在水波里游弋，又像行走在老电影里，毛茸茸、水当当。

我一会儿被裹挟在队伍里走，一会儿又变成旁观者，看着大家走。有那么一瞬间，我们是《辛德勒的名单》里那群走在集中营空地上的犹太人。脸色苍白、面无表情、脚步拖沓，正一步步前往洗衣房或毒气室。情绪却是完全没有的，哪怕一丁点儿的害怕或悲伤，都没有。就那么走。

据说每个人一晚上能做好几个梦，所以虽然感觉走了很久，但其实这段时间应该很短。突然之间，有个人影向我“移”过来。看不清相貌身材，也没有气味声音，什么都没有。他那么理所当然地来到我身边，又那么理所当然地跟我并排往前走。

就是这个清晰可感的影子，让我的梦，完全变了模样。

我先是旁观者，看到一直佝偻着腰的自己，突然挺直了身体，就像春天里被微风拂过的小树，倏忽间舒展了所有枝丫。我又是亲历者，能清晰感受到梦里那个自己情绪上的巨大变化。在与那个“他”并肩同行的一瞬间，我是如此快乐，如此放松，如此雀跃。我开心地想大叫，想飞跑，恨不能马上站在原地，放声高歌……

当然，我没有真的打着呼噜唱起歌。但如果当时有人看到我的睡相，我一定是咧开嘴笑了一下的。因为在梦中，有一股清风穿过我的身体，那种由内而外的喜悦、放松，以及“这世界，从此我再也什么都不害怕了”的勇敢之情，让我止不住地要笑出声来。

我是那么前所未有的快乐挺拔，无惧无畏，并满怀着对未来的憧憬。身边那些拥挤着我，碰撞着我，让我从心底里感到恶心、厌弃、恐惧，却还要强令自己不许恶心、不许厌弃、不许恐惧的，银白色身体，也在瞬间变得不那么滑腻、不那么虚幻、不那么萎靡了。

那一个片刻，很短暂，很温暖。

我想我知道那个“他”是谁。也知道无论何时何地，只要他站在身边，我就会卸掉全部抵触、坚壳、紧张、悲哀……彻底安下心来。我的四肢五官、情绪心性，所有一切，都会变得像春天一样，那样快乐挺拔、无惧无畏，那样对未来充满了憧憬。

然而，即便是在梦里，我也深深知道，这种感觉，永远都不会再有了。或者说，由始至终，这种感觉，我都不曾真正得到过。于是，这个银色、滑腻、诡异，充满了跌宕感的梦，我竟那么赖皮的，不想让它醒过来。

请许我一生不羁爱自由

1

很年轻的时候，偷偷喜欢过一个人。从大学一年级到工作，前前后后，很多年。

因为这段暗恋，我得到两个领悟：第一，喜欢就一定要说出来；第二，不要在不可能的人和事上浪费太多时间。

然而……嗯，是的。然而以后多年的经历告诉我，这样的领悟根本没有什么用。

独自出来混世界这些年，我好像一直在与自己身上的一些“顽疾”做斗争。可是时至今日，我仍然睡眠障碍，仍然厌恶吃豆腐，仍然路盲数痴；无论怎样努力，我仍然是个不轻松不柔和还无比纠结的人；我忠诚地继承了父母亲的争强好胜。完美主义与强迫症的人，很难不辛苦；我从来都不喜欢孩子。童年告诉我，做小孩子不是件快乐的事。我无法想象自己会是一个怎样的家长，更不希望他将来跟我一样，总是不轻松不快乐，很难做一个招人喜欢的人。

本性难移。在中国数量庞大的成语海洋里，这个词，最实在也最刻毒。

2

五六年前，有位姑娘满世界转了一圈，回到我身边，说她认识了一个神人，能帮人发掘自身的特质，包括那些你所忽略或从未意识到的。通过那个人，她发现自己身上最大的特质用两个字就可以概括，“求新”。

几乎在一瞬间，我就意识到那个词对她是适合的。相识十多年，她始终以自己蜜蜂般的勤奋和雷达般的直觉，颠扑在自己的人生之路上。从二十多岁到三十多岁，从青岛到北京，从桀骜文艺女青年，到仍然文艺的孩儿他妈，从传统媒体编辑，到门户网站运营，再到电商平台操盘手……她走过的每一步，几乎都追随着最新的时讯，最快的动态，最前卫的行业。

她说，我总是怕被新事物丢下，于是我就拼命地追，直至成为先行者。然后她问：你呢，如果一定要用一个词来定义，你觉得你人生中最想要的是什么？

在那之前，我从没考虑过这个问题。但那以后，她问我这个问题时的语气，她身后暖黄的灯光，以及坐在我对面的她用细长而略带弯曲的手指摆弄桌上汤勺的样子……都像一幅画，永远定格在我的记忆里。我认真想了几秒钟，然后字斟句酌地说：大概，我一直非常努力追求的，是“自由”吧。

她眼睛闪了闪，说：还真是。

3

我所以为的自由，是精神独立，经济从容，时间能自主，生活可把控。是不陷在过去里或臭美或哀怨，是身体可以老，心性却对新事物永葆敬意与热情。

是身体发肤，属于自己。我能让它自然老去，也有权决定它的存亡；是世界那么大，我可以去看看；是遇到许多人很多事，即便错过、受伤，也不说后悔，不存遗憾；是爱情来了我不躲，情人走了我不留；是无论我有多爱你，也不允许自己一低再低直到低到尘埃里。

是“参差多态乃幸福之源”；是想爱的那个人不分男女老幼，没有贫富贵贱；是愿意结婚就张灯结彩，不愿成家就我行我素；是爱热闹就儿孙满堂天伦之乐，想清静就独善其身安然老去；是可以害怕，却不惧孤单，可以纠结，却绝不愚蠢；是有勇气拥抱，也懂得适时放弃。

泰戈尔说，世界以痛吻我，要我报之以歌。如果世界所予我的，是无论如何也拗不过的本性使然，我想要的，就只是自由。我不怕春已过，只要尽情观赏过春花开；我经受得了秋风起，还要继续赞美秋月明。人生坎坷难免，我所想要的自由，是即便经历了深重的伤害、丑陋的背叛、苍凉的离散，仍能笑说一句：感谢你，赠我空欢喜。

4

遥想 2012 年，我受朋友之邀，在青岛创办一本新杂志。由于众所周知的原因，杂志在筹备期，就被我的诸多媒体同行泼尽冷水。尤其过分的是宋教授，兰花指翘着，小白眼翻着，阴阳怪气送我美名曰“肖一期”——你最多做一期就得死，瞎忙活什么？

我倒也没气。“一期见光死”这种事儿，他老先生何止被忽悠过一次。想必当是时，对我还是有些惺惺相惜的心疼之意吧。

“肖一期”这名儿却留下了。之后四年，杂志从一期做到十期，再到二十期、三十期……截至正式离开，这本曾经号称“青岛最好”的杂志，在我手里出了整四十四期。有晓得当年拌嘴过程的朋友笑言：“哎哟喂……肖一期终于熬到肖四十四郎了……”

却还是熬不住了。

之后大半年，我旅行，换工作。期间重操旧业，拍了一部跟家乡新疆有关的纪录片，然后接触了新行业，学了点儿新技能，也新认识了一些人。在兜兜转转这么多年后，我终于第一次真正意义上离开了曾经

以为会一辈子做下去的传媒业。当然，亏得皮糙肉厚心眼粗，中年转行，对我来说还算顺遂。

5

印象最深刻的当然是那段拍纪录片的时光。关于家乡，我是离开它将近二十年后，才算真正走进它。整整五个月时间，南北东疆跑了个遍，最触动我的不是那里的美景美食，而是那些从全国各地前往谋生、大多做着最底层工作，收入可怜，却坚持长年在外，即便岁末也不能（想）回家的人们。

以前我只知道，人人向往大都市，所以才会有“逃离北上广”之说。可是在新疆，一片位于塔克拉玛干沙漠腹地、地图上根本找不到的湖区，有来自微山湖的养鱼人，操着浓重的山东口音，日复一日，巡湖打渔；海拔 3200 米的塔什库尔干，有河南去的女商人，垦荒种地，修路开店……在最西部的西部，那些我连名字都没听过的小乡镇里，随处可见外乡人。他们的肤色已与当地人基本类同，乡音却是五花八门。若你真有心打问，会发现他们的来处，同样是一个你从前连名字听都没听说过的小乡镇。

你是谁？从哪里来？到哪里去？“保安三问”是人世间最难答的问题。世事无常，风云际会。旁的人很难搞清，那些背井离乡的人，是怎样知道了那样一个遥远的所在。在双脚迈出家门的那一刻，他又可曾想过，自己将要去的地方，到底靠天有多近，离家有多远，距下一次回家，还要多久？

6

小时候过年或过生日，最喜欢许的愿就是：明年一定要有怎样怎样的改变。甚至有一年，我在日记里直接写道：“至今我仍在很痛苦但很坚定地向我喜欢的样子去修炼，也正尝试着爱上那个曾经很不喜欢的我自己。”

可是最近几年，我在每一个辞旧迎新的关口，给自己唯一的期许都只有四个字：爱咋咋地。

世界总是令我们无奈，却又因仓皇而迸发着别样的美丽。感谢有人不弃我的平庸，有人长相陪伴；感谢所有笑脸相迎，远道而来。感谢错爱，让我腆着脸，一字一字、一篇一篇、一本一本，持续写下去。无论才华几等，对于文字的热爱，确是如我般平凡之人，在寡淡到近乎牙碜的生活里，为数不多的坚守与欢乐。

感谢文字，与我宽容，赐我相遇，解我愚蒙。它告诉我，这世界每一分钟都在上演着我所无法想象的故事。没有永远关闭的门——实在找不着钥匙，踹开呗。

夏°

终有一天，

我们这些失散者，

会重逢。

六哥

六哥说话，开口必然呵呵哈哈。一口曲靖土语神出鬼没，天上一脚地下一腿。眉毛嘴巴鼻子统统歪七扭八，没有一个在它们应该在的地方。但他绝对无法与你对视五秒以上，五秒过后，那张黑脸上的所有五官都会规整到同一种神情：羞涩。我几乎从未见过一个如他那般容易害羞的中年男人。这让他身上总有一种奇特的混搭感：混蛋与天使，混不吝与绕指柔，混世魔王与烂漫先生。

六哥酒量不好却好酒。给自己倒酒，杯一定是要满溢出来的。白花花的酒浪翻滚着，被他七泼八洒端起来，一仰脖倒进肚去。酒到底是好是孬，想必从没品出来过，操碎心的是那些熟悉他的朋友。逢喝必醉，逢醉必睡的六哥，是个需要人摁着酒杯的孩子。但就是酒后的这个孩子，酒吧里与姑娘拍你侬我侬大头照，还发到群里臭显摆，从身体到言语却都妥妥帖帖，正人君子极了。

六哥看起来邋邋遢遢，大多数时候穿着拖鞋就上街。夹菜的时候，外套的大袖子哩哩啦啦一直企图投入菜盆的怀抱。因为好酒又总在醉着，与他的约定与托付，难免让人生疑。可就是这个看起来不靠谱的六哥，前一天喝到半夜，凌晨四点还在发朋友圈，早上八点却能准时来接顺风车回昆明的姑娘。司机早已被他混成哥们儿，还再三跟人家强调：车费只许我付，不准收女娃的钱!

六哥是个诗人。面对几个从未看过他诗却没脸没皮讨要诗集的女人，他转身回房拿出三本，其中竟有一“毛边本”。我也不管他是不是心疼犹豫过，一把抱在手里就不肯放。他再三要我先写名字给他看：“我真没什么文化，好多字都不认识，怕错。”提笔写下的字却好看极了：“河山天眼里，世界法身中。”抬头“老师”，落款“学生”，像他给人敬酒，酒杯一定要比对方低，更低，最低。

六哥的诗如他自己所说，接地气，说人话。他写故土乡情，写坡地上傲慢的“苞米和大豆 / 一脸的不高兴”；写自己“坐在龙潭公园看妻子上班”“有时她也抬起头来看一看比她更高一点的天空”；写“和女儿在一潭泉水边”“她侧过身来叫我看她在泉水中的笑”。他最爱分享的一张照片，是自己和女儿的合影，满脸胶原蛋白的女孩儿安静淡然，靠在她肩上的他，倒是美滋滋，一脸天真。

六哥最新出版的诗集是写给母亲的一百首诗。我翻看他送的毛边本，不期然一张照片掉出来。他正跟身边姑娘胡说八道，接过照片的瞬间，眼眶明显红了。他拼命眨眼，继续戏谑：“我妈打我打到 28 岁，太恐怖咯！”边说边跟着旁人一起笑，红红的眼睛却离不开照片，嘟囔着以为别人听不见的话：“她对我太好咯……”黑白照片里的小脚妇人，不笑不嗔。岁月那头，淡淡望他。

六哥的口头禅“要稳重”，三声 yao，一声 wen，三声 zhong。说这话，往往是身边人被他逗得笑到花枝乱颤的时候。他给我看自己参演的广告片，片子过了一半他还没出现。我正纳闷，他冰雪聪明地在一旁安抚："快咯快咯……"然后他就真的戴着雷锋帽出现了。有些人大概天生就有那样的魔力：不高不帅不俊，有他存在的所有画面里，却是绝对主角。浑身发着亮，让你的眼睛离不开他。

六哥还爱说"何德何能"。有人关心他喝没喝多，"何德何能，让您操心"；认识名人，"何德何能，与他相识"；姑娘粉他，为他写字，"何德何能，谢谢待见"；去远方参加诗会，有人举家见他，有人全程陪同，有人为了他舟车劳顿日夜兼程，"老六何德何能！"他记得每个人的好，细细书写每一场相遇，每一份深情，却搞不定手机屏保上时不时蹦出来的随机自带性感美女图。

六哥总说自己是个有单位的人。风花雪月散去，酒热耳酣完毕，他果真就老老实实回到那个他或许并不喜欢，却也能自得其乐的场域中去。也曾"跋山涉水，千里迢迢"，也见过"一江东去，群山荒凉"；也拷问"谁来扶正这世界的天地良心"，告诫自己"憨点笨点，一点坏处没有"；认为"世界本来不脏，只是心乱了"……然后他说："爱恨结束，不要多也不要少。"

六哥是个让人不能忽视的存在，无论长相识，还是短相聚。人们总是不由自主记得他，全心全意呵护他。生活里，他看起来脏乎乎、傻乎乎、赖呼呼，走路拖着腿，说话歪着嘴，十句话有九句不知是真是假。却总有人说他是赤子，赞他纯粹。

在我看来，六哥恰是自己笔下所书写的那种人：他是一片月光的孩子，洁白，周身是光。

白羊女祝磊

有一次聚会。结束时，祝磊张张罗罗，问所有熟悉不熟悉的人，各自住在哪里，说可以顺路送人。原来是她先生专门开了车来接她。回家路上，后座几个女人和副驾驶的祝磊聊得风生水起，尤其女主人，呵呵呵呵没断了笑。一直闷头开车的男主人基本没吭声，只偶尔在妻子笑得开心时应和两声。虽然从头至尾都没看清他长什么样，声音里的笑意却清清楚楚。

不知为什么，认识祝磊时间不算短，我始终记得的，却都是那个冰冷的秋夜里，车窗外如水般流向身后的霓虹，以及温暖的车厢里，从车后座看过去，祝磊一直笑意盈盈的侧脸。

祝磊是我认识的最典型"白羊座"女人。热情，爽快，有点傻乎乎的冲劲儿。这股子劲儿与她"艺术家"的身份多少有那么点儿不搭——女艺术家人设，通常是高冷的吧，是孤傲的吧，是为赋新词抚着心口喊痛的吧……可是这些特质，在祝磊身上遍寻不到。印象里的她似乎总在笑。不说话时抿着嘴轻笑，说起话来就是呵呵呵呵很有特色的笑。我常想，如果不是直发及腰，如果不是那一身有着大片花朵的长袍，我还真看不出她是个艺术家。

直觉里，祝磊是幸福的。虽然这世上的夫妻关系千万种，谁都不能靠表面一揣真实，但写在祝磊脸上、身上、言语里的幸福感，却仍是大多看起来更“像”艺术家的女人身上所没有的。当她说起儿子，说起老公，说起她正在从事的琐琐碎碎的教学工作……是的，她更像是一个平凡而知足的白羊座中年妇人，开朗、热情、大大咧咧、不拘小节。

祝磊刚开始在微信朋友圈发布“每日一画”的时候，我并没有太在意。虽然不久之后，那些作品就成了我每天“晨阅微信”时习惯性寻找和关注的内容，我也仍把那当成是一个画家的“即兴之作”。人总是要靠一些元素作为记忆留驻的手段。有人选择文字，有人选择音乐，有人选择酒，有人选择爱情。一位画家，用画作记录自己，归纳思想，似乎是最合理的选择。

有时候，那些画作让我看得惊心。阴郁的灰色，扭曲的姿势，撕裂的神情，绝望到极致的场景……而她给每幅画配的词，却是清丽的、深刻的、让我不能不眼前一亮，心中一动的：“精神坚持己见，不能停止思想，那样你会变成废物”“低下头时，泪水替我卸下了妆”“我用蜷缩的方式伸展自己。蜷缩着身体，是为了给心留出更大的空间”……

星相学里说，白羊座女人比任何人都要敏感、细腻，“外表起伏不大，内心怕是早已沧桑。”在每一个早上或夜晚，当我因那些画和文字所流露出的深意而失神，要么心惊肉跳，要么感同身受时，那个开朗无心机的幸福女人祝磊，和那个有些神经质、有些小脆弱小伤感的祝磊，一天天地在我眼前完美重合了。

如此，整整一年。有一天，祝磊告诉我，她的“日记系列个展”就要举行了，我才惊觉：这个女人，这个看上去开开心心琐琐碎碎大大咧咧的女人，这个用自己的简单质朴不争不抢掩饰着真性情与大才情的女人，她果然坚持完成了一件事，365 天，一天又一天，从未间断。

这样的祝磊，实在太不白羊座了。在这 365 天里，在那 365 幅（甚至数量更多）的画作里，白羊座“冲动、无常性、三分钟热度”的特质似乎荡然无存，祝磊用一种近似行为艺术的坚持，向人们展示着她作为艺术家的更多特质与可能性。

有些人把日子活成艺术，有些人艺术地过日子，还有些人，生活是生活，艺术是艺术，虽不泾渭分明，却也各自拎得清，两厢不耽误——白羊座的祝磊，大概就是最后这种人。在我看来，这确可算是人生大赢家了吧。

狮男滕姐

老滕说话语速快，一口大青普，偶尔还结巴。初相识时，我听他在电话里跟别人介绍自己："你你你搜呐个微博。呐个"我就是老滕"，就就就是我！"

老滕朋友很多，特别多。我认识他之后，才知道原来青岛有这么多人都认识老滕，都知道"我就是老滕"。这大概跟他狮子男的本性有关。狮子男老滕喜欢呼朋唤友，三天两头大手一挥："走，哈两杯起！"从出发点到目的地，他能打一路电话。于是最终聚在一起的，很有可能就不止一桌。老滕花蝴蝶一样穿梭在一个个陌生和不陌生的人中间，口齿急速而模糊地向每个人介绍每个人。酒是喝了不少，话却没个能听清的。结果这一晚到头，最终人们唯一共同认识的人，大概还就是老滕一个。

老滕还特能絮叨。有时候坐俩小时，你也没听懂他到底絮叨了些啥，中心思想又是啥。好处是倒也不招人烦。他是我认识的最典型狮子男：有点儿小执拗，有点儿小幽默。谁的事儿都是我的事儿。古道热肠，啰哩啰唆。表面看起来很拽很硬很 MAN，其实就是颗大椰子。砸不开便罢，砸开了，糯得像水，还甜。

我猜，这就是最近这几年很多人叫他“滕姐”的原因。

最初认识老滕，他在我主编的一本杂志做营销总监。成天忙忙叨叨，上蹿下跳。老板却很不满意：“老滕啊，全世界都说他是好人，他跟所有人都是好朋友。可惜，缺的就是那最后的临门一脚。”同为大狮子，我秒懂了所谓“临门一脚”。对老滕来说，那是别人可以扔在地上，他却必须捧在怀里的自尊；是别人可以拿来贸易的合同，却被他视作珍宝的情谊。

因为这总也踢不出去的“临门一脚”，做销售的老滕看起来并不成功。好在他朋友多得是，大哥也不少，挣口饭总是没问题的。这几乎是所有熟悉他的人的共识。但“商界老滕”最后成了“手艺人老滕”，这还是让很多人没有想到。

是的。几乎所有狮子座都有火象星座最糟糕的特质：热情好动，好奇心重，三分钟热度；厌恶一成不变，激情有余，长性不足；假硬朗，瞎大气。在我认识老滕的前两年，这也是他留给我的印象。所以当他隔三岔五雕个木板，刻个手镯，甚至弄出个细致到让人咋舌的佛牌……我和大多数人一样，都只当那是他的业余爱好。玩票呢。

后来，在我认识老滕的第四个年头，他的木工作坊正式开张了。爱好终于变成了事业（虽然目前我仍没搞清，他要卖多少个木牌，雕多少个佛头，才能挣出房租。反正狮子座是从来不会算计这些的）。不止自己做木雕，他还领着一群大姑娘小媳妇在工作室玩起了 DIY，一起挖个木勺、木簪子什么的。我想，对于又好色又没胆的狮男老滕来说，被众多美女围在中间当神供的感觉，才是最让他享受的吧。

在这四年里，尤其他“临门没一脚”离开之后，我们见面并不多。但老滕有时候的确很“姐”很“暖”。隔三岔五，他会突然来一句：“哎，好久没见还怪想你的，哈酒吧？”（“哈酒”为青岛方言，意同“喝酒”）“来来来，咱也该坐坐了。”虽然这约会基本上从来没实现过。他刚开始做木工那会儿，我也刚刚出了第一本文集。他偷偷跟我同事要了书名的设计稿，想雕个木牌送我。结果做失败了，他拿了个豁牙漏齿的残次品给我：改天改天，改天再认真做一个！

这次他的木工坊开张，我正在外地出差。每回我在微信上评价他的小地方真不错，他都会马上回复：“就你没来了，赶紧来！”“等你回来，等你来看看。”“快！回！来！”……虽然知道身为狮子男，他一定会对很多人说类似的话。但身为同样又傲娇又心软的狮子女，我当然受用得不要不要的。

昨天，在老滕硕大而文艺腔十足的工作室里坐着，看他龇着两颗兔子牙傻笑，我突然想起有一次见他媳妇。她说老滕自己在家做木雕那会儿，只能躲在阳台上磨东西。即便那样，“还是弄得一屋子烟尘，又脏又呛人，愁死了……”

说这话的时候，老滕媳妇眉头皱着，眼睛却是笑的。老滕的闺女跟媳妇几乎一个模子刻出来，一大一小两个又精又瘦的小女子，都是直男狮子最爱的那种可以用来保护的模样。有一天我在微信上看到老滕发了一张闺女的照片，只配了一句话：很多事儿我做不到，因为你。

跟老滕认识四年，除了插科打诨，就是每年一起过生日傻乐呵。只有这一次，我眼睛鼓鼓的，热了一下。

摩羯男肉肉

我眼中的摩羯座：你有千条道理，我有一定之规。不要和我讲对错，我只相信我自己。

1

摩羯男姓王，单字一个枫。虽算不上奇名，却也清清俊俊，还是蛮符合本主形象的。

可惜摩羯男流年不利，刚到公司就遇到个专给人起外号的射手女。她说你这么瘦，得多吃肉。以后就叫你“肉肉”吧。

应该是有过反抗的吧，可是当闷骚又笨嘴的摩羯男遇到伶俐又鬼马的射手女，至少在表面上，胜败简直不言而喻。

从此，身高 178，体重 110 的摩羯男，就成了肉肉。这名字越俎代庖成了本主，以至到最后，听到有人叫“王枫”，他自己都会先愣一下，半天不习惯。

肉肉真是我所认识的男人里，最瘦的一个。偏他还特别酷爱七分裤。于是整个夏天，你眼前都会晃着两根令人担忧的小腿腕子。我有时实在看不过，很想说肉肉你就不能换条裤子。但又一寻思，人家 那就是“天生我瘦难显胖”，估计就算穿条又长又肥的裤子，也会是两个兜着风的空布袋儿，看上去会更可怜吧。

2

身体瘦是体长，如果脑袋也瘦，结果就是脸长。所以虽然肉肉实际上还算是个有点儿帅的小鲜肉，但瘦与长脸，以及那个奇葩名号，缺一不可地合成了他在公司的所有标识。一个瘦长的身体顶着一颗瘦长的脑袋，肉肉看上去很像是个方正姚体的“呆”字。

后来看《大圣归来》，真是让我眼前一亮：哎呀妈呀！这瘦身长脸的孙大圣，不就活脱脱一王肉肉嘛！

肉肉是很典型又闷又安静的摩羯座。平常在公司，如果没事儿找他，你很难意识到他的存在。好在人瘦体轻，所有椅子都能把他的全身妥妥安顿进去。坐着坐着，身体就几乎全部滑到桌子下面。于是电脑前，你通常能看到的就只有那颗长头。

肉肉是平面设计师。我从来没听他说过“哎呀就这样吧”一类的话。关于淡蓝、天蓝、宝蓝、湖蓝，关于长线、短线、粗线、细线，关于那朵花是四瓣、五瓣、六瓣……任别人怎么说“差不多了”，他都有自己的一套标准。这真是大摩羯最让人爱恨不能的特质：跟自己咬牙，又认真，又固执。

肉肉在公司里年纪最小，一想到自己考大学那年他才刚出生，我就有种想要拎起自己头发扔到窗外去的绝望。跟肉肉说起这种感觉，他就呵呵呵。然后说，我只记得刚到公司时，你语重心长地跟我说了十分钟为啥不喜欢摩羯座。

这事儿我其实早就忘了。对大摩羯的不喜，几乎是出于本性的反应。对于永远慎重、冷静、方向感明确、目的性极强的土象摩羯，冲动热情、大大咧咧、没有定性的火象狮子，与其说是不喜，倒不如说是恐惧，自愧不如。

90 后肉肉原本不喝茶，后来不知为什么突然想做个茶产品。他来问我喝茶到底怎么回事儿，还到处查资料自学。一次一众人等去上海出差，火车上我发现他一直捧着本厚厚的书看。原来他特意买了两本讲茶文化的书，“真是硬着头皮看啊，实在看不下去”。我想说肉先生您可真够摩羯的，喝了这么多年茶，我都从来没想过要看《茶经》。

肉肉为自己的茶产品做设计，一款包装改了几十稿，又是那些深蓝、浅蓝、长线、短线、三瓣花、五瓣花……外人根本看不出区别，他把自己纠结得要死。然后跑茶叶厂、印刷厂、包装厂，拍产品图、设计广告、做微信公众号。如果他不是摩羯座，我会很奇怪一个才只有 22 岁的小男生，平日工作已经很忙，业余时间难道也只有工作吗？他那个瘦瘦长长的脑袋瓜里，到底对自己的理想，有着多么一心一意的认定呢？

可是，当然。他是摩羯座。这些都不意外。

3

早熟的肉肉当然很早就恋爱了。说起小女友，他除了宠溺，再就是满口的老夫老妻。身为摩羯男，对生活的要求除了安定，大概只剩简简单单就是真。有一天他带小女友来见我，干干净净乖乖巧巧一姑娘。脸特别特别小，加上齐刘海稳稳挡住整个额头，她的脸看起来就只有肉肉的一半长。

小女友文笔很不错，会帮肉肉的茶产品微信公众号写文案。有一次她写：岁月悠悠，人生漫漫，在这天寒地冻的城市，眼前璀璨的街道，与人海交错，携着特别的礼物步履匆匆。等不及的就是那句：我最喜欢你了。

这该是一个处女座小女生对一个摩羯座小男生所说的，最美的情话吧。

你说我不该太迷信星座。可是看到这一对儿，谁能不信？

杨妈妈

当杨大哥说要带着母亲跟我们一起玩时，我脑海里是另一幅场景——虽然杨大哥军人出身，体态挺拔，胸肌完美，还尤爱穿紧身运动T恤……但他毕竟已经是我们这个团队里年纪最大的一位，他的妈妈，总得是个白发苍苍，耄耋老人的样子吧？

于是所有人都被骗了。当母子俩齐齐站在我们眼前，几乎所有人都惊呼怎么可能是母子！这活脱脱一对容貌酷似，精神头相当的姐弟嘛。杨大哥当然对这样的惊叹习以为常，呵呵一咧嘴：对呀对呀，我长得比较着急……

杨妈妈今年八十一岁。

杨妈妈和儿子早我们一天到达北京，据说见到我们之前，先去了圆明园，又从清华溜达到北大。走老远的路，看很多的景，一天下来，微信运动上已然接近两万步。我忍不住赞叹："您可真行，两万步啊……"她颇有些得意地摇头：是啊是啊，好多人给我点赞呢！

杨妈妈两年前学会用微信，自此成了低头一族。一群人坐在一起聊天，总难免有一段时间，人人不说话，分别看手机。她也看。甚至在大家聊得很开心时，她若想看手机，你就绝对轻易拉不回来。那么喧闹的时刻，她看得专注，自成一统，完全沉浸在自己的世界里。

我一时好奇，偷偷在旁瞅她看什么，赫然发现竟全是股票走势图，各种曲里拐弯的红线蓝线，看得眼晕。杨妈妈已经炒股十几年，从在股票交易大厅看大盘，到在家用电脑炒，现在有了手机就更方便。见大家好奇，她给我们摆自己炒的一只股。买了多少，挣了多少，后来跌了又涨了，到现在已然是翻了几个跟头地涨。我们张大嘴听得发呆，她悠悠一句：涨是涨了，谁知道最后钱是不是我的……

杨妈妈也发朋友圈，却绝无养生奇闻之类。母亲节怀念母亲，父亲节写父亲的故事。也回忆童年，写九岁时妈妈在家乡的水井旁为自己穿耳洞……动辄一篇小短文，质朴清秀，可读性很强。她酷爱旅游，尤其喜欢跟年轻朋友合影。初见那天，年纪最小的路姑娘旗袍红唇，美得耀眼。正是因为杨妈妈主动拉着她说要合影，才正式打开了我们这个临时小团队老少同乐的开关。

杨大哥到哪儿都要带着杨妈妈，杨妈妈也从来不会让我们觉得她需要特殊照顾。长路能走，小山能爬，走到哪儿用手机拍到哪儿。聚餐的时候，她从来不挑，我们吃啥她吃啥，只要有酒，她也总会先来上一小杯。说话不多，但能看出来大家说的话她都听得津津有味，从来不让我们担心她会被冷落。难得相见的人，夜聚难免超时。凌晨两点，问她会不会影响睡眠，她说，这种影响，想申请都申请不来。

临别前一天，众人去 K 歌。她先是坐着笑眯眯地听，然后和儿子一起唱《晚秋》——是的，你能想象吗？ 55 岁的儿子，和 81 岁的妈妈，一起唱“曾停留风中看着多少的晚秋，如何能跟你说别潇洒的远走……”

那粤语，那发音，那好听……啊！

杨大哥是妈妈的骄傲。无论走到哪里，眼里嘴里都是儿子：“我阿强可聪明哪，到湖南会说湖南话，到广东会说粤语，学啥都可快了……”从此我也改口叫杨大哥“强哥”。爬上景山，人们各自休息看景，强哥倚墙看手机，杨妈妈偷偷让我们给他们拍合影，还小心翼翼不让他知道。81 岁的杨妈妈靠在 55 岁的强哥身边，装作一起看手机，脸上是一派少女心思得逞的快乐与娇羞。

杨妈妈麾下迅速集合了一群迷弟迷妹。人人都愿意牵她的手，抱抱她，人人也都说：“阿姨，我的人生目标就是到您这个岁数，能有您这样的状态……”团队里所有人，她从第一次见面就要认真问清楚叫啥名儿，之后两天，见面时她总是要先很热情地打招呼，名字从来不叫错。最后一天为我们送行，她从咖啡馆里一直送到大门口。我们一个劲儿劝她回去，她只挥手不说话，最后不得不分开时才说：谢谢你们谢谢你们……我终于听出，杨妈妈哭了。

和杨妈妈走在路上，她总是紧紧攥着我的手，一路走一路聊。第二天再见面，她会伸手拉我：来，我的小拐杖。回到家，我偷偷研究杨妈妈的微信，发现她也是狮子座。于是满心窃喜地想：那么我是不是也可以，可以在她这样的岁数，活成她现在的模样？

这世界到底怎么回事

我们跌低、失败、痛苦、失望、病厄，都承载着一种学习而来。但我更需要明白，万物终究会流失，什么才是一种内在的永恒。

——郑秀文

有天朋友聚会，已近尾声，他明显喝大了，提起最近正红的一个城市名人。说在电梯广告里看到那人的广告，说那些在我们看来莫名其妙的流量和财富……醉意朦胧中，原本的大眼睛大眼袋，就剩下一脸眼皮儿。上面四层，下面四层，中间是一双布满血丝又全是疑惑的眼睛：“我就是搞不懂，到底为什么，到底哪儿不对劲，这个世界到底是怎么回事……”

没人回答。人人喝得糊涂，打盹，玩手机，神游。更何况，绝大多数人连自己怎么回事都搞不清，谁还顾得上什么世界。可是，他还是问，一遍遍问，像根本没想要得到答案般地问。有点儿话痨。

事实上，“话少”才是他的标签，无论喝没喝酒。四十多岁的人，说话偶尔提高点儿声调，也能先自红了脸，着急了还结巴。冷不丁冒出些东北式幽默来，只为调侃自己的眼袋。多数时候闷着，非典型白羊座，三棒子打不出个屁。好处是从来不拒喝酒。大局人多时，能不声不响把自己喝多。三五人小聚，就给每个人拍照，还发朋友圈，第二天再把自己认为不合适的内容一一删掉。

有次我爸妈来青岛，朋友组局请饭，他也在陪。我们都习惯了他的安静，我那挥斥方遒的“场面爹”可不知道，生怕冷落了谁，几次主动逗他说话。这可糟了，那脸儿越发红的，那眼袋越发大的，那舌头越发拙的……除了喝酒，就剩喝酒。

饭局过了很久，有一天我爹突然说：那娃，那娃，心里肯定有事儿，说不出来……

“那娃”心里到底有啥事儿，我不晓得。我和他，两个都并不长袖善舞的人，从相互知道名字，到终于相识，再到还算能坐下来喝杯酒的朋友，用了差不多十四五年时间。从不单约，更少谈心。因为适度的距离，反倒生出许多舒适感。去他茶室喝茶最轻松，大家可以什么都不说，各玩各的。

只有一次，他帮我开车去机场接人。等候的空儿里，说了说从东北老家来青岛这些年的故事与事故。那是我认识他这么久以来听他说话最多的一次，却也不外青春热血他乡委屈一路波折半生艰辛。中年人的相互懂得，也就仅限于懂得罢了。

我曾经很好奇，为啥人人都会稀罕他，他又何以成为圈子里几乎所有男人的哥们儿，所有女人的闺蜜。去年他在啤酒城摆了个卖烤肠的摊子，从开张第一天起，“探班”的人就没断过。他就负责接待，连烤肠带啤酒，整个儿啤酒节结束，赚还是赔，天知道。

所谓“闷声做大事”，他当然自有较劲处。卖茶叶卖成茶农，说是为了保证品质，自己做茶园才放心。田园牧歌有多美，农活就有多累；原打算做个小烤肠档口，却是呕心沥血地投入。食品安全、口味、健康，工商、税务、城管、银行……每天都在打怪兽。人眼见着焦虑起来，总是忍不住地叹气，然后在醉酒后一遍遍问：“这个世界到底怎么回事。”

我问他到底为啥呢，人过不惑，又要二次创业，搞得自己这么累。他吭哧了半天，也没讲出什么宏图大愿来。“我突然有些信命了……”说这话时，距离他问“这世界到底怎么了”一个月。距离他的新事业全面铺开半个月。距离他到某职能部门办事碰一鼻子灰四十分钟。他坐在驾驶座上，身子缩得很低，墨镜后藏着眼睛，两个大眼袋呼之欲出，写满疲惫。车开出去两公里，大概担心自己的情绪会影响我，小么声儿地又说：“年轻的时候，无论什么事，很快就能翻篇儿。现在不行咯，上年纪了，半天缓不过劲儿来……其实也还好，没啥过不去的……”

我没看他，只把眼睛望着前方缓缓扑面而来的路，心里突然有点儿明白了他，也明白了为什么他的朋友那么多。

他于青春年少时来到这座别人的城，没基础，没背景，没人脉，甚至看起来没脾气，没个性，没特色。心气儿却是高的。摸爬滚打，试错改道，修炼心性，也修炼世情。一直在努力，始终不放弃。原以为只要勤奋努力，日子总会一天比一天舒心，却不料一路狂飙到了四十后，需要面对的问题只多不少。拼尽全力打怪兽，通关却成了似乎总也完不成的目标。“这世界到底怎么回事”，也只能是永远的天问。

每个人身处在世，都自有一套安身立命的办法。属于他的那套戏码，大概就是既能温和不争，又能咬牙坚持。他是所有中年人，是所有异乡人，是所有在生活里踽踽前行的人，是所有无论如何也不愿轻易向生活妥协的人。他是我们每一个人。他就是我。

为此，我想给他加加油。
就像告诉自己，别放弃。

既见君子

2018 年 5 月，日本游学，七人成团。是为记。

1

出发那天，青岛刚刚经历了今年入春以来记不得第几次天气起伏。在机场查了一下日本未来几天的天气情况，气温有最低 5 摄氏度的，也有最高 31 摄氏度的，竟然比青岛还任性。据说日本的天气预报准确到小时，于是原谅了自己拎只硕大旅行箱的行为。不过，转头看到机场那些一家四口，如同搬家般的旅行者时，这原谅又变成了疑惑：我该不会还是想得太简单了吧？

当然，之后几天的经历证明，我的确是想多了。我们选在日本最好的季节抵达。彼时，那里的春花还未全谢，夏日也并不灼人。晴天是透彻如水的蓝，云是天空的眉，白若轻羽。夜空是并不全黑的深蓝，丝绒一样托着钻石般的月。也说有雨，就真的下了雨。噼里啪啦，淅淅沥沥。雨里没有泥土味，湿湿的小凉意，还须得仔细体验才能觉知。

飞机降落时打开手机，叮叮咚咚各种微信涌入。同架飞机的几个青岛小嫚儿操着浓浓的崂山口音，一路从流亭机场出关嗨聊到关西机场入关。恍惚觉得自己这哪里是出国，不过从城东到城西串了个门。

很顺利地与团队碰了面。为等我这个最后到场的队员，那几位已经迫不及待在关西机场吃过乌冬面、喝过生啤了。隐约感到这将会是一个无论耽误了啥都耽误不了吃喝的组织，心中甚是欢喜。

负责地接的导游姓许，中国籍中年男人。深灰色西装、白衬衫，干净斯文，特别周到的职业化笑容和礼貌里，有种决绝清冷的距离感，反倒让人徒生好感。许老师——嗯，莫名其妙地，大家就叫他老师了——自称祖籍扬州，但在南京长大，嘴巴一张，就让人想起梅婷和海清。他通常坐在车的第一排，把大半个身子转过来面对全车人讲话。业务很熟练，多数时候语调平静，平铺直叙。也偶有讲得精彩到自己都激动时，就要伴着些上身不动的手势，偶尔还翘兰花指。被我不小心看见，心里暗笑简直太可爱了。

按照计划，一行人直接从机场前往京都。刚刚相聚的人们大多还陌生，好在有许老师一路絮絮叨叨致欢迎词，讲沿途风景，倒也走得并不枯燥。只是夜幕迅疾来临，让许老师的一口吴侬软语更像催眠曲。车行之处，又并不是灯火通明的繁华地。昏黄路灯光下，一闪而过的矮屋，门头轻摇的白灯笼，空无一物的小径……我们渐渐进到一座入睡的小城，人影不见。

早起赶飞机的困顿瞬间袭来，我一面强睁双眼往外瞅，一面又一次陷入恍惚——我是真的到了吗？昨天此刻，还在家吃我妈包的滚蛋饺子，今天此刻，就已经穿行在陌生国度的小街里了吗？我为什么要来这里？人们又为什么热衷于来到这里，或者去往那里？世界的这里与那里，究竟有怎样的不同，值得我们跋山涉水费尽心力，离开自己熟悉厌倦的地方，去到别人熟悉、也许同样厌倦的地方？

……

文艺女中年无时无刻的胡思乱想终于在抵达那一刻被打断。昏昏然下得车来，黑魆魆的小路上，隐约有婆娑的竹林摇曳，合式木门在黄色夜灯下发出柔光，俄顷闪出迎宾姑娘笑意盈盈的脸。晚风轻拂，周遭是人们压低嗓门说话的声音，轰啦啦行李箱落地滚动的声音，还有服务人员温婉低回用日语打招呼的声音……一切都是那么真实清晰，一切又都像是在梦里。

到达的地方，叫岚山，据说是日本看枫叶和樱花的必到之地。我们住的日式宾馆，叫花伝抄——想想日本人真是让人气啊，随便一个名字，都这么好听。

晚餐首聚。刚刚相识的几个人被要求自我介绍。本来就是个传奇的野夫老师，更加传奇美丽的陆姐姐；戴着厚厚弧形眼镜片的小崔哥，你总是不知道他是不是在看你，他的玩笑到底是真的还是假的；已经第二次见面的韩同学，一身理工男气质，却处处难掩文艺心；语速快到让我完全听不懂的葛大哥，据说是个富豪，一颦一笑，唇上的小胡子俏皮又厚道；还有照片上一本正经装深沉，实际上嘻嘻哈哈的带队赵老师。导游许老师也说了说他的故事，当过兵站过岗，见过的名人通晓的世情……

眼前是以精致闻名的怀石料理，可惜除了餐点餐具都很美，味道之类都不记得了。一股脑听好几段或跌宕或清奇的人生故事，对我这样一个经历欠奉的普通人来说，多少还是有些消化困难。好在酒很不错，梅酒清酒啤酒，人人不拒绝，人人轻松饮。这一天的奔波啊，总算可以放松下来缓口气儿。对面大玻璃窗外，夜色氤氲中，兀自沉默的枯山水。它们枯在那里，想必经历过很多个这样的夜晚，也听过很多个稀奇古怪的故事吧?

餐后泡温泉。日本姑娘的体型和皮肤真是出人意表得好，细白，柔美，健康。无论妇人还是少女，每个人都好像通身发光。要不是实在困得要命，真想在那水里多泡会儿，让眼睛再享享福。

2

清晨从微凉里开始。

京都第一晚，睡得并不好。换地儿认床加胡思乱想，我是在一小时醒一次的节奏里，迎来了屋外啾啾的鸟鸣声。期期艾艾打开头顶方窗，迎面一幅画，所有抱怨迅即烟消云散。

正是早上四点三十五分的晨曦，薄云盖青绿。眼前似乎触手可及的地方，矮的山，低的屋，晴空还未全开，太阳却已初升。鲜灵灵的晨光打在小楼上，墙体都在闪着光。空无一人的街道，是我们昨夜昏昏然的来处。大地还在半睡半醒间，世界像是泡在清泉里。一个词儿：通透。

同屋姐姐已在镜前梳妆，我得以第一次认真看看我们暂住的小屋。一如所有日本旅馆，小，既是全部。胜在五脏俱全，且坐卧行走的动线，以及各种设施均安置妥帖，倒也没有什么不适。我急急忙忙吹头发，顺带偷看了一眼此刻还有些陌生的同屋。每当遇到精致女人，我都要反省自己的粗制滥造。可眼前这姐，肤白细嫩，身形苗条。晨间妆毕，除了觉得靓又美，化妆痕迹却丁点儿难寻——我在心里吐了吐舌头：人家这才叫天生尤物。不比，比不了。美人儿是用来欣赏的。谢谢老天，赐我美人儿，同榻同行，心里悄悄美。

姐姐姓陆，中国香港人。

早餐后出了大堂，昨晚到达时影影绰绰看到的“花伝抄”，此刻清爽爽摆在眼前。三层建筑朴素巧制，竹排做围墙。门前长径折了两个弯，为沿途的竹林与树划出一条好看的生长路线。云低低地铺在头顶，小风习习。刚刚开启第一天行程的人们，个个儿神采奕奕。导游许老师早已到了，仍旧一身灰西装，黑色单肩公文包，像个准备走进写字楼的小职员。想起以前去台湾，导游也是个中年偏上的男子，一头灰白发，身材精瘦，全程西装。所到之处，讲不完的人文历史，功课做足。后来熟了问我：“为什么去大陆，导游都是二十刚出头的小姑娘，能给你们说什么呢？”我哪儿知道。

离开花伝抄，车行鸭川桥。太阳终于从压了一早的云层里挣扎出来，笑呵呵看着大地。远处浓绿遮盖的山上还有云的阴影，眼前的桥与河水却是明晃晃的透亮。果然是因为觉没睡足吗？整个儿早上我都如坠梦里。就连桥上路过的姑娘，在我眼中都好似行走在灯光打足的影棚里。所有画面都是电影，是移动画片儿，是前世曾经历过的场景……唯独不像现实。

作为日本历史文化名城，京都曾有一千多年作为国都的荣誉，这里也是“中国化”极深的城市，许多店铺名称上仍有汉字的痕迹。据说二战时美国投射原子弹的首选城市，原本是京都。因为它不止历史够久，文化够深，还是拥有 100 万人口的特大城市。战争后期，日本很多其他城市都把重要战略物资运往这里，是当时最重要的军事生产中心。

对京都留存起到作用的，是时任美国陆军部长亨利·史汀生。他曾两任菲律宾总督，多次造访京都，对这个保存着许多历史古迹的千年古都，感情深厚。在他的坚持下，已经被排除出轰炸名单的长崎不幸又被拉了回来，京都得以幸存——当然，没有任何一座城市应该被施以那样的灾难。人人生而平等，城市也一样。

五月的京都，自带光芒。无论银阁寺、南禅寺、清水寺，还是二条城、法然院、天皇御苑与御所……我们在京都待足三天，除了十分意外地开启了几乎每到一处都得脱鞋的特别体验外，所有建筑空间都在向我们这些中国人讲述着这个东瀛之地，是怎样努力留存着原本属于中国的故园风情。

相比中国皇宫的金碧辉煌，日本皇宫一以贯之低调的黑白与原木色，除了二条城繁复花哨的大门，整体建筑风格偏线条简洁，色彩较少。也有红，但几乎所有亭台楼阁的红，严格意义上都只能算是橙黄。据说这是因为当年的日本工匠无法参透中国匠人是如何调制出那种专属皇廷的朱红色，所以承明门是橙色，清水寺是橙色，后来的严岛神社也是橙色。想必后世的工艺里，日本人已经学会了调制各种颜色，但朱红与橙黄的差别，倒是成就了中日皇宫各自不同的风格。

京都石碑多。那种一米左右高，五十厘米宽窄的方形石柱，刻着字，无处不在。闹市大马路边候车，回身一条碑：“坂本龙马遇难地”（坂本龙马：日本明治维新时代的志士，倒幕维新运动活动家，思想家。1867 年 12 月 10 日在京都酱油商近江屋遇刺身亡），隔壁就是一家回转寿司店。饭后消食瞎溜达，桥头又是一块碑：木户孝允遗迹（木户孝允：明治时代初期活跃的武士、政治家。后世评价：此人实为立宪政治家中，日本之第一模范人物）。有意思的日本人，难道是担心自己的记性不好？

庆幸气候始终宜人。天蓝云白树绿，如影随形。相机总是无能，每每眼睛看见，心里赞叹，赶紧举手拍下的，却无法达到眼见之万一。法然院门前，石阶清幽，草青水灵。站在阶下，眼前小门被院里大片葱绿铺满，天然一幅木框油画。人们欣然站在框里，想象自己是那画中人，或者干脆化身剪影。然而最终拍出的画面，总是差强人意。有时候，风景就是风景，硬要闯进个人去，纯属多余。

头一天京都游，重头戏是下午京都大学的一场野夫老师主题分享会。作为日本国内最高学府之一，京都大学曾先后出了 9 位诺贝尔奖获得者，被誉为“科学家的摇篮”。京都大学最为知名的办学理念是“自由学风”，尊重学生的独立自主性。这里盛行学生运动，校园里随处可见各种写着“打倒”“反对”之类文字的纸牌与木牌。校门口也立着硕大标语，许老师告诉我们，那上面写的是“反对限制广告牌”。

选择在京大做我们这次文化之旅的讲堂，足见领队赵老师的用心。主讲人野夫老师分享了一个关于社会政治的实践者与旁观者转变的故事。很会讲故事的野夫，加上他的天生多故事体质，一个多小时的讲座，人们时而惊诧，时而唏嘘，也间或有动情处的一行清泪。听讲间隙，我侧脸看身边窗户，百叶窗外的天空，蓝如绸缎，天下面是白色楼宇与绿色树冠。近景是一只教学用地球仪，安安静静立在角柜上，跟屋外景致化成一片。

恍惚症再次发作：这是在五月中的京都呢，这是一个阳光明媚的下午呢，这是一群远道而来的中国人在谈天说地呢，人们字里行间说到的，其实还是远在千里之外的祖国呢。世界似乎越来越大，因为我们可以看到的越来越多；此一时，我们可以轻松地从一地前往另一地，能够站在这里，便晓知那里的风吹云动；我们探讨那些自以为了解，又或者并不明白的世情万象；我们哭我们笑，我们回忆我们思考。可是终其一生，我们也许永远都无法明白，人究竟是为了什么而生，为了什么而死……世界在我们心里，又何尝不是越来越小？

帮我们对接京都大学教室的老师姓顾，中国人，南方口音。穿不太平整的灰色旧西装，黄色牛皮背包，黄色牛皮鞋，加上一脸谦卑憨笑，整体看上去，很像 20 世纪 90 年代初在中国走街串巷的电器推销员。他说话声音很小，跟同样很小声的办公室工作人员——两位白皙干净的日本女人简单沟通之后，就把房屋中间的隔断拉严，留出安静空间让我们开讲。离开时，他一路把我们送出校园，跟走在我前面的赵老师聊天。声音还是不大，也还是一脸谦卑的笑。硕大黄色牛皮背包很不合身地挂在左肩，拉扯着同样不太合身的旧西装，双脚一拖一蹭，往前走。

直到这时，我才听到他说的最长一段话，关于他初到日本。那时他自认英语很好，学历不错，还有科研成果，哪儿哪儿都比京都大学同事强，所以也就喜欢处处发表意见，指点江山。那些日本同僚每每也都听得认真，不断点头称是。过了好久他才发现，自己所说的事，所显摆的科研成果，日本人早就明白，但人家就是能做到回儿回儿点头、回儿回儿微笑，却极少发表意见。听就听了，转身只顾埋头做研究。“低调，谦虚，严谨。我那时才知道自己有多幼稚……”

彼时，正是下午四点多，夕阳如蜜汁，薄薄涂匀在京都大学的操场、建筑和人身上。我们从农学部一路走到校园正门，主教学楼前那棵画入校徽的大樟树赫然在目。树冠壮如半球，遮天蔽日，树下几个学生，或坐或站，或倚着自行车。一张张年轻的脸，女孩子长发飞扬、眼波流动还有清隽少年唇角不羁的笑……金色阳光里，妥妥日剧校园风。此情此景，实在让我们这个平均年龄明显偏大的行者团无法不心生感慨。

可是谁能想得到呢，直到离开京都大学很久——这天晚上，我们在鸭川纳凉床吃了特别美味的烤牛肉，又穿行过挂了各种白灯笼和蓝纸伞的红灯小巷，还在回到花伝抄后的夜聊酒局里喝了个烂醉……奇怪的是，我脑子里始终记得的，却是形象如推销员般，来自中国南方的顾老师，他讲的那段往事。

3

旅行到了第三天，内容往往最丰富，人们的精神头也最旺盛。但奇怪的是，这一整天，让我印象最深刻的几件事儿，反倒都与景点无关。无论二条城、三十三间堂，还是高台寺、灵山护国神社……尤其二条城的“鹂鸣地板”，走在上面，叽咕叽咕，真的好像有谁在唱歌。每每想起，宛若在耳。

所到之处，景观不同，感受却与前一日无异：在全世界都恨不得张牙舞爪将自己的价值观灌输与人的时候，京都，以及身在其中的这些小店、场馆、路径、美宿……都以自己不动声色的温和与恬淡，笃定而毫不焦虑地存在着。你可以说这是文明的成熟和自信，也可以说这是历史沿革和世事更迭所映照出的岁月深度。整个京都所显示出的气质，正是滚滚红尘间最令人心仪的存在方式，最值得尊崇的城市姿态。

对于女人来说，在日本旅行，最动心处，莫过于那些随时随地出现的和服女。虽然有人揶揄：单从表面看，你就能分得出那些和服里包裹 的究竟是不是真正的日本女人。然而，那些花团锦簇的衣衫，雪白的分指袜，裸露在外纤细修长的脖颈，还有木屐踩在地上嘟嘟嘟嘟的声音……无论她们出现在景区还是商业街，都是让人难以无视的美色。每次看到，我都要絮叨：“哎呀，真想体会一把穿和服到底是什么感觉呢……”

说者有意，听者更有心，如此这般虚荣爱美的女人心，轻轻松松就被领队赵老师善解人意地实现了——今天第一站，放弃原计划，直奔花见小路和服体验馆。就是这么任性。

花见小路，一公里左右长，南北横贯祇园地区，是京都一条以江户时代风情闻名的街道。小路全由青石板铺砌而成，两旁排列着乌瓦木篱、门帘低垂的高级茶屋及料亭。“花见”在日语中有“赏花”之意，这里的“花”则特指艺妓。据说旧时，此处是古城的风月场所，而今天的花见小路已成为日本人拍摄婚纱照的圣地，更是外国人体验和服最常到的地方。

前往小路尽头那间体验馆的过程中，到处都有和服姑娘。鲜亮亮的蓝天下，金发黑发高个矮个的女人们，三个一群五个一撮，旁若无人地自拍以及她拍。论起对新衣服的热衷以及对陌生角色的体验，全世界、全年龄段的女人，大概都一个德性。比如我们这个团。两个女人欢天喜地进了更衣间，五个男人中，只有赵老师愿意尝试，剩下几位则很直男地选择旁观——跟购物广场里那些枯坐一旁等待购物狂老婆的男人们，一个德性。

日本和服体验与中国婚纱写真相差无几，穿着和服的过程则更加繁复，袷、带、结、襦袢以及各种配饰，不一而足。给我换衣服的大姐温婉而职业，每帮我穿戴上一件，都要后退半步，仔细端详，然后再近身来继续工作。我选了件淡蓝色和服，待香港姐姐更衣出来，通身雪白，贵气十足，我忍不住笑出声来：早知道选那件青绿色，白娘子和小青，立马上街拉个许仙游湖去！

穿和服的愿望，实现起来很容易，之后的过程却比想象中艰难。尤其我这种习惯了大步流星的女汉子，终于知道日本女人的小碎步缘何而来——裙裾实在窄小啊。有好几次上楼梯，我都趁人不备把和服下摆扯起到膝盖，咚咚两下蹦上去，再装作若无其事地放开、扯平。还有分指鞋袜（鞋子叫作草履，其实是塑料的）。我一个从来不穿夹脚拖鞋的人，踩在这种鞋上走大半天，简直就像戴着脚镣跳舞。到后半程，大脚趾里侧直接磨出个大水泡来。

更大的考验在午饭时。那条被更衣大姐咬牙切齿勒上身的宽腰带，此刻好像巨大而坚硬的铁板，死死捆在身上。从胃部到背部的所有肌肉统统紧缩。加上身后背着的那个又热又闷的“枕头”，随着中午气温越来越高，别说吃饭了，连正常呼吸都越来越难。这天中午，大家吃的是鳗鱼饭。嗯，想减肥，试试每天穿正宗日本和服游山玩水吧。

如此，我的和服体验回想起来既完满又好笑。所有虚荣都是要付出代价的，尤其这种看上去的美好，原本就不属于自己。属外之意，浅尝即可。不留恋，不追忆，是为美意。

4

就在我们沿花见小路步行闲逛的时候，眼尖的导游许老师突然指着街对面：快看快看，那个就是艺伎了。多漂亮！

作为堪称“日本艺术史奇迹”的艺伎，如今即便在日本，也已经成了需要保护的文化瑰宝和民族文化，与富士山、金阁寺并称为日本三大名片。花见小路原本是艺伎扎堆儿的地方，只是后来游客太多，居住于此的艺伎们不胜其扰，如今很难见到了。我们运气不错，对面正在穿过斑马线的一红一蓝两名盛装女子，雪白的脸以及厚厚的草履，与马路上那些体验派的确明显不同。对于来自街对面我们的大惊小怪，她们早就见惯不怪，不为所动地继续前行。

可怜许老师这念想可算种下了，之后一整天，每每说起艺伎，他都要提起这两位女子。因为据说哟、目前全日本的艺伎也不到两千人，能看到的也多是些上了年纪的中年人，“像这么年轻又这么美貌的艺伎，真是不多见的嘞……”

被许老师这么絮絮叨叨地提醒着，大概众人心中都有些忐忑。尤其男人们，既眼巴巴地想要一睹艺伎风采，又担心该不会真的来个中年妇女吧。徐娘半老即便再美，哪比二八佳丽更动人心。

好在，这天晚上，提前预约而来的艺伎表演，并没有让我们失望——岂止没有失望，简直就是惊艳。许老师再也不提白天那两位啦。

艺伎名叫千贺染，十七岁，水葱般的姑娘。脸是团团的圆，五官都不大，尤其嘴巴，所谓樱桃小口一点点，莫过于此。加上还带着满满的婴儿肥，整张脸看起来就是肉嘟嘟的嫩白。穿红领和服，衣着华丽，头饰娇艳，腰带很长，花色繁复。从外形看，准确说应该属于“舞伎”。雍容的装扮非但没有让她显得老成，反倒更衬托出特别的娇憨和青春。

据说日本男人认为女人最性感的地方是脖子，类似西方男人看待女人的大腿。所以艺伎和服后背上的衣领通常扯得很低，后颈处要画上被称作“三条腿”的图形。人类的审美心理真是怪异。整整一晚，这位年轻艺伎最让我着迷的，果然就是她那雪白修长，画着奇异图形的后脖梗子。

千贺染当然是艺名，专业学习艺伎表演已有两年。对于现场所有人的惊艳和各种镜头，早就习以为常。只是业务大概还不甚熟练，又或者还需刻意保持一些少女的懵懂气质，她经常会忘记给客人斟酒。脸上的笑倒始终是淡然而职业的，听这些奇形怪状的客人，说着完全听不懂的话，也会被逗笑，露出被故意涂黑的牙齿，就更像个不谙世事的小姑娘了。

好在（或者原本就是这样搭配的），居酒屋老板娘活泼干练，御姐范儿十足，很有些中年藤原纪香的味道。据说新年时常会去附近的中餐馆帮工，学会不少中文。时不时蹦出几个汉语词来，逗得众人哄堂大笑，她也正好嘻嘻哈哈帮年轻艺伎回答一些不着四六的问题。千贺染表演舞蹈的时候，她拉开一扇门，露出隔壁另一间空屋子，再拖出一扇金色屏风，简简单单就搭出个小舞台。

据说即便对于日本人而言，能有机会看到艺妓或者私下被艺妓取悦，也是件很不同寻常的事。而从小决定成为艺妓的年轻女孩，会选择从高中起就辍学开始训练。出道两年的千贺染表演起来有模有样，姿态与神情瞬间退却了稚嫩。加上舞蹈配乐如泣如诉，悠扬低回，一时间让人怀疑刚才的觥筹交错和嬉笑欢乐是否真的存在过。

人人知道，艺伎非“妓”，但她们所从事的职业，主体就是服侍客人用餐，为客人歌舞助兴。而旧时深更半夜出现在酒色场所的人，通常又以男性为主，所以，虽然不卖弄色情，更不卖身，“艺伎”这种职业却天生带有男欢女爱的成分。这也许就是男人，尤其是亚洲男人对于艺伎特别心向往之的原因——她们是夜间出没的妖精，神秘美艳，风情万种，舞姿曼妙。脸上厚厚的粉白妆，是与漆黑夜色相呼应的绝美，更是渲染着阴柔、魅惑和欲拒还迎的东方形象。

十七岁的千贺染还没谈过恋爱，说自己目前最大的理想就是继续好好学习，做一个受人尊重的艺伎。她给每人分发了一张小名片，信息简单到除了“千贺染”三字，再无其他。名片形状倒是精心设计过，一只卧着的小猫咪，特别卡哇伊。

5

在日本几天，世界似乎总是安静的。直到与艺伎千贺染告别的这个晚上，我们来到的最后一站。

这是一间位于窄巷中的居酒屋，需要预定，无论早来多少，都必须在楼下等够时辰。门头窄小，红色纸灯笼拾阶而上，在楼下看，安安静静。可是你若带着这种错觉上楼去，推开门的瞬间，一定会像我一样被惊个趔趄。屋里人声用“喧天”已不能形容。所有人几乎都肩膀挨肩膀坐着，一张巨大长条桌纵贯全屋。仔细看才发现，那其实是若干个四人位的小方桌挤挤挨挨排列在一起，因为间隙实在太小，桌子与桌子之间其实并没有什么区隔。人碰人地从过道穿过，几乎隔两桌就有那么一两个男人女人或站或半探身体，声嘶力竭地与对桌人讲话。多数职业装，都已喝到面红耳赤。不足一米外的吧台里，各种啤酒清酒和烤肉正持续不断递出来。

预定这间居酒屋的，是王小山和杨海鹏，野夫老师目前旅居日本的中国朋友。这二位知道野夫到京都，专程从大阪赶来，就为请顿酒。地方还是杨海鹏公司小姑娘帮忙定的。海鹏说，如此烟火市井气，只有长居此地的人才找得到。跟着野夫，有肉有酒有朋友，果不其然。

小山已是第二回见。不知是我二次发育长高了，还是他上了年纪变矮了，才一年多而已，他比我记忆中好似缩小了一码。眼睛倒还是贼大，半笑不笑地闪着精光：哦，肖瑶啊，老朋友啦。“杨海鹏不是上海那个杨海鹏”，这是杨海鹏遇见每一个陌生人都要强调一遍的话。圆头圆脑很精神，像极了一个叫果静林的男演员。为了证明自己的年龄，他拿手机给大家看儿子的照片，十八岁的大小伙儿，跟他站一起，实在很难分清父子还是兄弟。

酒过几盅，另一位身在京都的中国人赶到。五岳散人，一直以为是书生，结果却似武夫。黑 T 恤黑框眼镜黑黢黢的山羊胡，光着脑袋像个花和尚，一口大京片子。还特认真，这么喧闹的场合里，跟人掰扯起前尘往事来，还要卷着舌头，一板一眼话说从头。先设问句：“您知道这是为什么吗，我告诉你说……”然后再一字一句讲下去。

散人据说目前在打拳，小山三天两头鏖战德州扑克，杨海鹏说自己就是来日本陪老婆的……你不知道如今在日本的每座城市里，到底有多少中国人，也不知道每时每刻里，有多少中国人像蒲公英一般，飘向包括日本在内的各种地方。有时候你看世界大到茫然，有时候它又是个四处加框的盒子。我们所爱的那些人，可以瞬间天涯，也可以千山万水一日走遍。只为夜灯初上时，大家能眼睛对着眼睛，嘴角咧到耳根，碰一杯冰冻扎啤，扯两句经年往事。宿醉一场，天亮再见。

满屋喧腾里，他们说着过去的故事，我开始悄悄打着今天的盹儿。连续几天高密度游走，加上今天和服、艺伎以及他乡遇故知的惊喜……情绪是个容器，太空亏，太满溢。此时此刻，在这个别人的国家里，就着居酒屋里昏昏然的灯光，耳畔轰轰然的喧闹，还有眼前那些笑靥，那些亲爱，那些漂泊与落定，那些不问今生与无论未来……我真的很想很想，就此睡去，从此老去。

6

早起退房，陆姐姐在楼下大堂批评了一位中国姑娘。吧台前人本不多，她却没法忍受在一米线外多等三五分钟。挺好看个小姐姐，眉清目秀，浓浓江南腔。

今天团队集合的时间明显有所拖延，盖因昨夜两位大阪来客与男士们一直喝到凌晨。多数人习惯按部就班生活在自己可控的空间与时间里，安稳自是安稳，却也难免无趣无聊。这大概是远行所以吸引人的原因。脱离了原本一成不变的舒适圈，就逃开了某种粘着无望的牵绊。看一些别处风景，认识一些陌生人，寻一些刺激，做一些出格事，暂时忘掉一些离不开又改变不了的无奈……即便出现在那个陌生地里的人，原本就是旧相识，却也会因为在不同的空气中相遇，感受绝然不同。再普通的酒，也能喝出些格外撩人的味道来。

人类在选择了定居生活的同时，本性里多多少少仍还存着些僭越之心。新鲜令人兴奋，未知才最迷人，所以人们才要创造“蜜月旅行”之类的把戏。也所以，“艳遇”总是令人神往。

因为昨天临时添加了和服体验项目，清水寺和大德寺之行被统一安排在今天。前几日到过的地方，大多人少景静，所以初到清水寺门前停车场，我被吓了一跳。各种巨型大巴车、导游三角旗，各种和服姑娘，还有穿着各式校服的大大小小孩子们……浓浓国内热门景点休息日即视感。

全世界的旅游观光大概都那么几件事儿：抬头看建筑，低头上台阶，举手拍个美颜照，出门买张明信片。都说在日本景区里穿和服的通常都不是日本人，可是我眼睁睁看着一对青年男女身着漂亮的传统服装，在清水寺本堂下合照。拍照的和协助拍照的不厌其烦用日语指导二位调位置、摆姿势。在晴朗朗的蓝天和亮晃晃的橙色大门楼子映照下，两位年轻新人显得特别好看。无论在哪里，拍结婚照都是一件喜庆事儿。

清水寺也有求签算命，两位男性老者端坐于狭小窗里，墙上挂着一面分了很多小格的木匣子。游客在窗前摇签筒，掉出的木签上有编号，对应木匣子上某一格里的纸片。网上有攻略说，清水寺求签“奇准无比”，同行崔先生和葛先生于是各自摇了一卦。我心下动了动，随即作罢。墙上那些小木格，目测不超过一百个。也就是说，全世界所有到这里求签的人的命运，就被定义在这区区不到一百张小纸片里，想想也是挺扯。那两位的签倒是摇得很不错，一个大吉，一个吉。人们研究着判词，嘻嘻哈哈互相恭维着又各自开心着。这大概就是这种算命场的作用了吧。

7

午后到了大德寺，情形与上午大不相同。严格来说，大德寺不是一座寺院，而是二十几座寺院的总称。始建于 1325 年，曾在战乱中被毁，后来被一休和尚以 80 岁高龄主持重建。丰臣秀吉曾在这里举行过织田信长的葬礼。

不知是因为这里并非热门旅游目的地，还是因为京都实在太多知名寺院，与人流如织的清水寺相比，这里简直安静得吓人。从大门口往里走的甬道空空荡荡，松树高耸着位列两旁。偶尔会遇到一两个中年女人，穿很家常的朴素和服，妆容精致，头发做得一丝不苟。擦肩而过时，会微微笑着向你点头示意。一位五六十岁的女士，一头短发不但烫得熨帖，还染了薄薄一层淡蓝色，惊艳得我一路追着人家看。

因为一休和尚，中国人到大德寺通常都会有些亲切感。而事实上，大德寺吸引游客的法宝大致有三：茶道、枯山水、坐禅。相传桃山时代（约 16 世纪末），丰臣秀吉在织田信长的葬仪后建立了“总见院”，日本的战国武将们纷纷效法，大德寺塔头和各种庭院渐次建立起来，名声远播西欧。武士们厮杀战场，平日里却喜禅茶，日本茶道在这个时期得到长足发展。到今天，大德寺仍是日本茶道的中心。

在一间清凉幽静的小茶室里，主家也为我们准备了抹茶。平心而论，与我在中国体验过的道场和茶味儿，相差无几。特别之处在于，供茶者是三位上了年纪的女士，其中最老那位，目测得有七八十岁。体态精瘦，双手枯槁，牙已经掉光了，嘴巴窝进下巴里，说起话来一瘪一瘪。她听不懂中文更不会说，却很明白面前这些人是可以带来钱的，所以打从我们围桌坐下，她为每个人奉上一杯绿色抹茶后，就开始不停地把一个写着茶点价格的宣传单页伸到我们眼前，一遍遍指着上面的产品，点头示意。卖东西卖到如此直接，多少还是让一众奔清凉安静而来的人们有些尴尬。陆姐姐及时解围，说“空腹喝茶容易晕，大家吃点儿吧”，随便买了包饼干，七个人当场分着吃了。但实在也是坐不下去了。日本茶道崇尚“和敬清寂”，再好的茶道，也经不住这样急赤白脸的营销呀。

离开茶室，寺院住持引我们参观庭院，重点推荐的当然是大仙院枯山水。大仙院建于 1513 年前后，是大德寺最古老的院落，也是江户初期枯山水庭院的代表作。作为日本特有的园林景观，“枯山水”多见于佛教禅宗寺院。简单说就是在白砂地上耙制出纹路，然后用砌垒岩石的方法，摆置出山川河流、大海激浪等场景。住持为我们一一讲解地上那些白沙黑石与松树禅房之间的关系，并耐心指导大家展开想象的翅膀，体会“古雅幽静，闲寂简朴”之趣。

窃以为，日本本土面积偏小、自然资源有限，应该是生发“枯山水造园法”的根本原因。聪明的日本人在狭小的物理空间里，用白砂、青苔、奇石乃至石上青松等元素，模拟了自然界的高山、流水、岛屿与瀑布。造园同时，更多塑造的应该是潜在内心深处的丰富情趣。无论身处怎样的逼仄里，精神世界的无边开阔和无限雅致，才是真正的禅宗意境吧。

已过中年的住持身穿靛蓝色牛仔布僧袍(真的是牛仔布，又厚实又挺括，我特意用手摸了摸)，圆头大耳，面如重枣，不带金丝边眼镜儿的话，很有点儿中国老牌演员吕小禾的模样。我们一个多小时的坐禅体验，就是经他指导进行的。

一间宽大的禅房，地面以竹席满铺。除了一张摆放住持随手物件的小茶几，空无一物。我们七个人四对三相向而坐，有人盘不了腿，有人受不了跪，姿态千奇百怪。住持手里握着杆一米多长的戒尺，在屋子中间来回踱步，口中念念有词。就算导游许老师不做翻译，大概意思也能理解，不外一些朴素的人生感悟，处世哲理。

期间，住持会挨个儿走到一人面前，发问一句，被问者则以日语“是”作答。然后，住持会用长长的戒尺在那人后背靠上的部位猛击两下。啪啪！听起来下手还挺重，被打者则需双手合十回礼，表示感谢。

作为一个进入任何寺院禅房道场，都会忍不住走神的凡尘俗子，我的注意力总是会被住持大人左手腕上的大金表之类俗物所吸引，对于这种受戒式仪式感更有些心存芥蒂。好在住持很公道，打之前会先询问各位的意见。我下意识地没有举手，对面的小崔哥大概还没弄明白是咋回事儿，所以也没举手。于是之后住持绕场一圈“施法”，特意放过了我们俩。也有人主动举手示意，请住持再多给他来两下。

之后我查了很多资料，也没搞明白大德寺的坐禅体验里，“戒尺击背”起源几何，倒是大致了解了日本各种寺庙的“运营之道”。在日文里，和尚被称作“坊主”。跟中国和尚戒律不同，日本坊主可以喝酒吃肉，也能娶妻生子，长子还要继承父亲衣钵接管寺院。所以寺院对他们来说，更像一项事业，而住持的定位则更像是 CEO。寺院要生存发展，就不能回避经济来源问题，“坐禅体验”可算是 CEO 们开辟的副业。据说，京都的春光院还专门设计了针对欧美客人的英语坐禅、英语修行、和英语住宿。

于是，我原谅了自己的不崇不敬。静坐、呼吸、止观，原本就是很私人的养生之道。即便不以“坐禅”的名义，找个时间，找间静庭，发呆、空想、睡觉，坐一整天也无妨。简单随意，无须证慧，才是极致禅意。

大德寺那间禅房，大住持不说话的时间里，人人低头闭目，屏息凝气，耳边除了穿堂而过的风声，就是丁零零细碎的风铃响。对面同伴身后，有硕大落地窗映出室外葱绿竹影与松针，还有地上静默了不知多少年的白沙与黑岩——那一刻，我睁着眼睛，看到了神迹。

8

离开大德寺，我们的京都之旅才算全部结束。下午，大家乘火车前往广岛。许老师自此与我们告别，团队里添加了两名新成员——导游王峰，漂亮的东北女孩儿；开车的司机师傅叫陆频，精致帅气，上海男人。

团队里年龄最小的韩同学是个单身男，难免被哥哥姐姐们热心关注个人问题。领队赵老师的关心方式特别而直接：火车站便利店里，他撺掇韩同学买了本成人杂志。就是在日本随处可见的那种，封面香艳热辣，各种丰乳肥臀大画片儿。可是谁能想到，也就封面和前后数得出的几张彩页而已。再往里，通篇都是黑白印刷的文字稿，小气的日本人连在文字中间偶尔插两张图片的想法都没有。那厚厚一本日文书啊，我在火车上看得差点笑岔气。更搞笑的是，这本被带上广岛的成人杂志，后来曾被扔在某家我们住过的宾馆里，结果服务员紧赶慢赶追出来，又恭恭敬敬送还到赵老师手中。

日本人所认可的美人儿，大多珠圆玉润，健康朝气。中国古人所崇尚的“天庭饱满，地阁方圆”，在日本女优身上体现得淋漓尽致。无论清纯型还是妖艳型，都给人一种浑圆多汁、生机勃勃的活力感。那种戳死人的锥子脸和形销骨立、弱不禁风的国人最爱，在日本大概是没有市场的。

火车到站，直奔轮渡码头。到达广岛后的第一站是严岛，需跨海而至。

9

在此之前，我从来没听说过严岛。想不到，这里成了此次日本之行里最令我意外和惊艳的所在。

严岛又叫宫岛，位于广岛县廿日市境内，是很多“世界最美小镇”排行榜里的常客。由于岛上有不少古代日本遗留的古迹和文物，所以与宫城县的松岛、京都府的天之桥立并称为“日本三景”。这座孤立于海中央的小岛，能从陆地的任何角度看到大海。一些二层高小楼沿岸而建，松林和海滩随处可见。林间时不时有梅花鹿悠闲地溜达或觅食。只有我们这种游客会对那些美丽的大眼睛生物充满好奇，当地人与鹿之间相处得很安静，各走各路，互不相干。

上岛的时候，太阳正在慢慢西沉。穿过岸边小广场，再过一条马路，就到了一个小镇子，住处就在小镇最尽头的山坡上。一间间小巧的日式合屋依次排列，连通它们的是纵横交错的街道，很窄，但很干净，地上画着白色的交通标识。因为坡度原因，整个儿小镇看上去错落有致，味道十足。人们沿着马路慢慢上坡，沿途路灯和商铺夜灯正在陆续点亮，一些唐代建筑风格的屋子在红红黄黄的光线下清晰可辨。

有雨滴开始落下。窸窸窣窣，像是有声音，却又听不清。暮色渐合，四野静谧。我们好像正在走进一场梦。

10

晚上，人们来到野夫老师房间，围合而坐，开启了今天的重头戏，也是此次日本之行的主要项目：《广岛之恋》文学电影沙龙。

无论文学作品还是电影，《广岛之恋》都远没有杜拉斯的另一部作品《情人》更知名，甚至很多七零八零后在听到“广岛之恋”四个字时，首先想到的会是莫文蔚、张洪量的 KTV 名曲。然而我们的领队导师野夫先生却对这部作品有着很深的执念。正如他在沙龙中所说：“我在我的祖国颠沛流离，这本书竟然未曾失落。就像自己曾经的爱与伤痛，总能在雨夜结痂的心上，重新泛起瘙痒。《广岛之恋》带我迷恋上电影之路，这种迥异于好莱坞式的左岸派作家电影，启发我成为一个编剧，以至于部分依赖这田地的微薄收成而生活。”而在广岛讲《广岛之恋》，或经历一场“广岛之恋”：“这是我的青春梦想之一。那时，人生还长，广岛很远，完全没有想到在今天，时代的硝烟还未尘埃落尽，我却能如愿以偿……”

所以也可以说，我们这次日本文学之旅，某种程度是源于野夫心中的这份执念。人生际遇神奇，所谓梦想也许真的可以海阔天空。偏执狂不止创造世界，也容易实现梦想。

日本几乎全境禁烟，因而刚到酒店前台，野夫听说房间里允许抽烟，真是又震惊又意外，开心死了。此刻，他头戴灰色礼帽，身着黑色中式唐装与黑色裤子，长身而立，盘腿而坐。左手持烟卷，右手一杯威士忌，且说且抽且喝，很有些老派学究的味道。关于《广岛之恋》，关于战争，关于命运与爱情，关于人生况味……整整两个小时，各种思考，几多感叹，无限唏嘘。

关于《广岛之恋》。书我是很多年前就读过，却并没有留下如野夫般太过深刻的印象。此次访日，出发前专门下载了电影版《广岛之恋》，在飞机上看完。学习就得有个学习的样子，提前做功课，才不至于太露怯。

人们听野夫讲座，更多关注的，大概还是有关他本人的经历与感悟。至于作品本身，杜拉斯文字一贯的浓烈绚丽，以及在感情和性方面“直给”的态度，其实一直不为我所喜。而公映于 1959 年的法国版《广岛之恋》，除了那个年代的中文配音实在令人尴尬外，最大的感受是，男女主人公都长得实在太好看了！野夫曾说，美人无败局。这种“只应天上有”的妙人儿，无论在他们身上发生怎样美好的事，都是可信的吧。虽然这个事实，多少令我辈寻常人等有些泄气，但所谓“禁得起多大诋毁，受得了多大赞美”，那些被上天过多眷顾的人，大多也都难免要遭受一些常人所不能的挫折甚至灾祸。世界就是这样公平着。

此外，关于女主人公，那位美丽的法国女演员。如果说，她在广岛与帅气日本建筑师一见钟情并发生一夜情，还算可信和可以理解，那么在不到 36 个小时相处之后，她就芳心大乱，开始纠结是不是应该留在日本，跟这个男人度过余生……这就是我所不能理解的人设了。每个人在感情方面的能力和存储应该都是有限且不可逆的。一个曾在战争期间有过那么异常惨烈经历的女人，无论对爱情、生死或分离，都应有了一套自己的理解和处理方式。对于突如其来的感情，也都该有一些起码的自保意识。如此这般，一爱就是深爱，就会痛彻心扉，就要生离死别……这得是多大的心脏，才能盛放得下的多情啊！

多情必至寡情，任性终不失性。唯其此，这世上才会有传奇，如杜拉斯，如野夫。也有平俗凡庸，如你，如我。

窗外时不时有青蛙在叫，呱呱呱呱，此起彼伏。总给人屋外是无边荷塘或稻田的错觉。广岛的夜，天空如墨，月朗星稀。晚风轻，蛙声潜入梦。

白 雨

几乎是在进入房间的同一秒，雨下来了。

因为之前未曾阴天也不见浓云，这场雨来得尤其仓促而莫名其妙。或者又是因为仓促，雨点愈发显出些不管不顾的暴烈来。正在把行李搁在地上还没来得及关门的她，立刻就被惊住了。

她盯着窗户，紧闭着的。那里有一种完全不合情理的声音大戏正在上演，轰然、劲爆，好像随时都会有一只大头怪物破窗而入，又像是千万只重锤砸在钢板上。她呆立着，有点儿懵又有点儿怕，但想了想，还是伸手去拉窗户。那窗一经打开，声响便携着雨雾，万马奔腾着向她冲撞而来。她下意识地想要躲开，却只是缩缩肩膀，便站定了。

她终于明白，自己房间窗户的正下方，楼下那间房的窗檐上，平伸出一面防雨棚。雨滴大且猛，雨棚又是塑料瓦楞材质，单是每一滴雨打上去的声响便如同敲鼓，更何况那些雨简直无法无天，横冲直撞，统统迫不及待地想要把自己砸下来。雨水实在太密太急，瞬间便在雨棚上升腾起一层水雾，这一层还没站住脚，下一层又扑身而下，紧接着又是一层……比眼前白而密的水雾更为惊人的，是那轰隆隆的声响，一排连着一排，从雨棚这一边砸向那一边，然后飞速掉头，又马不停蹄地从那一边直砸回来。

“在我们老家，这个叫作白雨。”不知是雨声太大还是看得太出神，他什么时候站在身后的，她竟完全不知。他的房间在对面，此刻也正大敞着门。不过想必那边没有什么塑料瓦楞雨棚，所以窗户倒也开着，看起来却安静许多。风合着雨气，从两扇大敞着的门和窗之间穿梭而过。终于有些凉意了。

远处的雷声像是想要赶上这场盛大的表演，翻着滚儿地奔涌而来。雨棚上所有凹下去的部分已经在短时间内蓄满了水，凸起部分则继续承受着雨水的重击，迸裂的水雾向周边恣意铺撒，也有一些溅入窗口，打在身上。

她抱了抱肩，始终没有搭他的话。在这个临时组建的采访团里，她甚至还没看清他长什么样。但有那么一瞬间，她觉得他是个旧相识。也是站在一臂开外的地方，不远不近；也是不怎么说话，安静淡然；身上也似有似无飘着洗衣粉味，清爽干净；左手扶在窗台上，手指看上去也很长，指甲盖上的月牙白又清晰，又饱满；也是看雨，看一场不管不顾的雨。一场白雨。

只是，越是来势汹汹的雨，越是持续不了太长。几乎是在她一恍神的功夫，雨声开始偃旗息鼓。她眼见凸起来和凹下去的两条瓦楞间不再因水雾而模糊不清，被洗刷过后的翠绿色倒是慢慢显露出来。那从左到右又从右到左的水的冲撞，也在倏忽间变成了琴键上温柔的轻抚。

不再有雨水闯进来。盛夏暴雨后，热气迅速升腾。像重整河山后的勇士，只待雨住，便迫不及待地反扑。她并不知道他在何时离开，当然最终也没看清他到底长什么样。身后有对面关门的声音，细小、轻微。像她那一瞬间的恍惚，又像这场突如其来的白雨。来得快，去得快。

现在，雨停了。

最美好的时光

两只猫，一只叫“八角”，一只叫“九毛”。有朋友调侃，再来一只，就叫“一块七”。其实我想，作为同性兄弟，再多个伴儿的话，应该叫“一百分”。

八角来家时，已经九个月大，很黏人。会不停舔人，从手、胳膊到脖子、脸，所有它能接触到的皮肤，舔得特别忘我。只是舌苔太粗粝，每次都会舔得疼。可是九毛，我从来就不知道它的舌头是红还是白，软不软。

九毛来家时，刚刚一个月，还没有一个遥控器长。跟已经一岁半的八角站在一起，很像一座高山下立了一个小土包。现在两只站在一起，已经分不出谁大谁小。八角或许很郁闷：以前它一巴掌就能拍翻的小东西，怎么就眼看着一天天长得比自己还高了呢？

我每天回家，八角都会站在门口迎接，身子几乎要完全探出门去。九毛也跟在身后，盯着八角。我会先把八角抱起来卿卿我我一阵子。九毛早就跑了。

每隔一天，它俩都会在正餐之后，得到一只小虾。八角总是迫不及待守在厨房门前，急了还“mia 啊 mia 啊”叫。九毛也守，也叫。但厨房门一旦打开，无论有没有虾，九毛都会扑上去一把搂住八角的脖子想要把它摁倒——九毛从来都没明白过守在厨房门口的意义是什么。它唯一关注的活物，是八角。

吃虾的小碟子，一猫一个。八角总是很快吃完了，然后立在九毛跟前，低头看，不停舔嘴唇，从来不抢。九毛吃得慢。但遇到八角心情不好暂时还没吃的时候，它会跑过去把八角的吃掉。

九毛多动症，永远上蹿下跳，家里最高的位置——冰箱上的微波炉上、吧台最顶端，等等。犯了错就会被关进猫箱里挨罚。它在里面作死地叫，八角就在外面焦虑地叫，还讨好地来蹭我，可怜巴巴小贱样儿。八角若犯错被关，九毛该干啥干啥，或者干脆找个地方睡觉。八角也不叫，直接在箱子里睡着了。

八角拉屎撒尿，会把整个儿身子全部钻进猫厕所里藏起来，你听到哗啦哗啦扒猫砂的声音，那就是它出恭完毕了。九毛拉屎撒尿，大半个身子都竖在猫厕所外面，一张正襟危坐“请勿打扰”的小脸儿。完了再回过身去，刨自己的砂。

晚饭后，八角会跳上沙发，用一只爪子搭搭我的腿，两眼萌嗒嗒地柔声叫着要抱。即便它不想抱的时候，也能一副“我且忍着你”的表情，乖乖在你怀里待一阵儿。九毛从来没让我抱过五秒以上。它会拼命逃脱，好像下一秒就会死掉般地挣扎。

八角很少做通常猫们会做的游戏，比如追尾巴，比如看电视。对于激光笔，它也是好奇两下子就不感兴趣了。九毛喜欢看电视。遇到足球赛，视线会始终跟着哪怕非常小的一个白点儿跑。有一天它低头发现自己的尾巴从两腿之间伸到了眼前，于是低头去够。头越往下低，尾巴越往后跑，越低头，越往后。然后……它就直挺挺向前栽倒过去啦。

大多数时候，八角都很稳重，一脸“我看你还能玩出啥花”的慈祥模样，看着九毛。当初养九毛，是希望八角能有个伴儿。我们无论对它多好，毕竟不是同类。没有任何物种能够真的设身处地为异类着想。刚来前两天，八角嘴巴里嗞嗞啦啦，啸叫威胁。没多久，两个就混在一起，又是舔毛又是搂抱，亲密地好像同性恋。

猫和猫，初见仇视，慢慢都会亲近、体谅、交心。而人和人，多数初见时很美，久了便会生厌，彼此疏离，甚至愤恨。在这点上，大概猫比人要好。

八角长相好看性格敦厚。你无论做什么，它都要很八卦地凑上来。你叫“八角”，它会很快转过头来，用黑蒙蒙的眼睛看你。当然，也得它愿意。否则就算喉咙叫破，也是不理不睬，直接走掉。

九毛就高冷，还二。举世皆醉我独醒。从来没有回应过他的名字，但若闯进了厨房，你一声“stop”，它就会溜溜转头跑出来。

有时候看着俩猫，我会想为啥有人害怕猫，有人还要伤害。它们的身体那么小，那么软，简直不禁一握。后来又想，猫尚且有各自不同的性情与爱好，更何况人。

总的来说，俩猫都很独立、敏捷，对人永远保持着距离感，甚至冷漠。大概是为自保。距离近的东西越少，安全感越多。

俩猫每天大概有 18 个小时在睡觉。我若一人在家，只需放下足够的猫粮和水，其他时候，尽可以自由自在看书上网听音乐。它们只会在醒来时吃喝拉撒，追逐打闹，然后继续睡大觉。安静得好像不存在。

这就是我最爱的美好时光。

一只丑猫

我第三次看到了那只猫。

它正在过马路——其实也算不上马路。只是小区里一条窄窄的甬道。与上次见面相比，它身上的毛越发稀落，分不清是黄色、白色还是肉色。本就是一只秃了毛的猫，肉色是裸露在外的皮肤，外加一些赠品——灰尘、树叶、纸屑，或者伤疤、血迹。

这种古怪的颜色让它看上去不止一个“脏”字可以形容，那是一种让人从心里莫名难过的不适感。而最令人吃惊的，是它每分每秒都保持着的全抵御姿态，那种猫科动物在受到极度惊吓时才会展现的姿态：尾巴直直树立如一杆旗；背部弓起到极致的弧形；四只爪子及小腿的毛已经完全秃光。这使得它戳在地上的小腿就好似四根瘦骨伶仃的筷子。看它用这样的四条腿走路，我心里的某个地方被狠狠揪着。它走一步，我疼一下，走一步，疼一下……

在我们这个出一趟门就能与四五只猫迎面邂逅的小区里，经常看到同一只猫，本不是什么奇怪的事，但它实在是迄今为止我所见到最丑的一只。那是一种不用脑补就能想象曾经历过很多磨难之后得来的丑，是你不用分秒跟随，就能感觉到它踩在地上的每一步，都是戴着镣铐踏火盘的丑。苦痛无可避免，唯一能做的，就只有承受。

所以当它第一次从垃圾桶里蹦出来，以那么扭曲而肮脏的样子出现在我面前时，真是吓了我一大跳。

但丑猫并不似一般流浪猫，在突然与人遭遇时会张皇窜开；也不像另外一些流浪猫，瞅都不瞅你一眼，一副“你我井水不犯河水”的架势大模大样走掉……丑猫初见人时会浑身拼命一抖，似乎在潜意识里它其实也是想要马上逃走的。但不知是因为身体早已没有了猫的柔韧与敏捷，还是傲慢的本能在瞬间恢复——它就只那么用眼角斜斜地瞟你一下，然后一脸邪恶又若有所思地，在地上划出一个似有似无的半圆，慢悠悠从你身边绕过去。形式上它是很认真地在绕开你，但距离上其实并没有绕太远。就好像它真的很想做出“我好害怕你”的样子，但太多经历已让它无所畏惧，所以最后展现出的却是一副“我想怎么走就怎么走，你还能把我怎么着”的无所谓和淡定。

第二次见到丑猫的时候，它正在很认真地吃一只貌似死耗子的东西。不知是因为它本身实在太脏太难看，还是我被那有些血腥的场景给唬住了。面对那样忘我的咬嚼和撕扯，我竟没有一点儿恐惧，只是被它太过专注的吃相所吸引，完全没意识到自己正站在路的正中间，随时可能有车经过。而当时的它，对于周遭的所有存在也都毫不在意，只是专心致志地，吃。一个人、一只猫，就这么诡异地在马路中间默默对峙。期间，它就只有一次抬起头来，斜斜瞟了我一眼，一脸邪恶，若有所思。

我一直以为这是只命不久矣的猫。它看上去那么瘦那么弱，根本没有了猫的样子，而更像是传说中的豺或者狈。这个小区的流浪猫经年累月地增加着、消失着。谁也不知道它们来自哪里，会去往哪里，是如何生下来，又将怎样死去。人们忙忙碌碌，自顾不暇。偶尔有好心人定期在固定地点放些猫粮，绝大多时候，没谁愿意接近它们。猫们于是也习惯了在小区的垃圾堆和矮灌木里穿梭，自顾自，轻手轻脚，谁也不理。只有春天的夜晚，才会有一阵阵婴儿哭闹般的叫声不绝于耳，惹得脾气暴的人大半夜推开窗户吼叫几声，徒劳地想要把它们撵走。

可是该叫还是叫，该流浪还是流浪。还是生的生，死的死。走的走，停的停。张皇的张皇，从容的从容。

今天我又看到丑猫。它依然在垃圾桶前站着，一脸邪恶又若有所思。如果说流浪猫是这个城市的孤独隐者，那么这一只大概就是历尽磨难却邪性不改的裘千尺。路对面走过来一对夫妇模样的人，男人在看到它的瞬间就僵住了，紧跟着下一个瞬间，他面带一些错愕，以及更多厌弃的神情盯着丑猫，然后拉着吓得有些嘤嘤咽咽的女人，一起在地上划了个不大不小、似有似无的半圆，从丑猫面前绕了过去。就好像它总是那样，从那些或高或矮或胖或瘦，或满脸同情或一身恶气的人类身边，划一个不大不小、似有似无的半圆，绕过去。

八角君

你永远都想象不到，猫的世界里每天都在发生什么。

上个周一，八角坏了左眼，从流泪到流淡黄色的水，却还是要努力行使对我“深情注视”的权利，睁一眼闭一眼，滑稽小模样。到了周三，我才说呢，总算两只眼睛又都圆溜溜一样大了，第二天一早，它就又变成“独眼龙”了。这次换右眼，还是睁一眼闭一眼，还是红着眼圈流着泪，还是锲而不舍地瞅着我。

八角来家四年多，这种伤已经数不清是第几次了。头回遇到这情况，真把我吓坏了，赶紧抱起它到宠物医院走了一趟。后来就习惯了，知道那些小抓伤对自愈能力超强的喵星人来说，实在不算事。我只能在它用一只眼睛可怜巴巴努力瞅我的时候，给它擦擦眼泪清清创。唯一想不通的是：家里三只猫，为啥回回儿受伤的，有且只有它？

想必八角君自己也很郁闷。身为年纪最大的猫，它是先后看着花狸“九毛”和狮子猫“十号线”从拳头那么大的小毛球一天天长大的，结果它自己倒变成了体型最娇小的那只。完全有悖于“十橘九胖”“大橘为重”等惯常思路。我经常眼睁睁看着它在与九毛的近身肉搏中落荒而逃，也目睹了它与十号线擦肩而过时，被对方那身雪白而根根竖立的长毛吓得怂相毕露，溜之大吉。

它却永远是最敦厚温顺的那个。会黏人、主动要抱、紧紧贴在腿上。无论我在哪里，视线里都必须有它，否则就要生气、发脾气。每天回家，我才下电梯，它就已经窜到门前，门打开时，它一定在仰头唤我。对自己叫声的控制可谓炉火纯青，撒娇的、耍赖的、自言自语的，还有你说一句它回一句，认认真真对话甚至斗嘴的。妥妥超级大话痨。

除了爱说话，它还特仗义，责任心爆棚。每天晚上，食盆空了，那两位从来不吭声，睡觉的睡觉，瞎溜达的瞎溜达。只有八角，义不容辞站在人前大呼小叫。你若不能及时呼应，它要么委屈巴巴地哼唧，要么一脸怒容地生气。可你一旦真把食盆给填满了，它最多吃两口，然后就远远卧着，看那两位坐享其成者埋头苦吃，一副大家长的慈祥模样。好像完成了它每天必做的工作。盆里有粮，心里不慌。

如果猫也论星座，八角君应该是狮子座吧。热络、多情、仁义、高智商。明明自己最容易受伤，却总要强扮守护者。有一天突然好奇心起，问起八角君的身世。同事把它送给我的时候，已经有九个月大，依我所见，总该是在人类关照下出生，在各种爱里长大，基本没受过什么苦，才能养成这么好的性格和对人类无比亲近的态度吧。结果同事说，八角原来是个流浪猫，被一家企业的几个小男生捡到。因为公司集体宿舍不准养宠物，男孩们就告诉还是小奶猫的它，不能出声，“在宿舍的几个月里，它就真的一声没叫过……”

所以，有时候我会后悔为什么养了八角。因为不出意外的话，它总是会先我而去，我无法想象没有它的家会是什么样。但大多数时候，我会觉得自己很幸运，能够遇到这样一个它。无论受过什么苦遭过什么罪，也无论自己拥有怎样的主人和伙伴，它总是那么心无旁骛、欢天喜地，以最温暖、最宽和的姿态，面对这个凉冰冰、危机四伏的世界。

所以，我总是尽我所能对它好。比如现在，它正站在我眼前的茶几上，侧身、嘟嘴，两只已经恢复健康的眼睛圆溜溜瞪着，不知道在瞅什么，一脸沉思的小样儿。有那么一瞬间，我脑子里冒出个念头：它长得真像一只猫啊……

一只橘白，五岁，绝育。活成这样，也能算是猫生幸福了吧。

大理雨季

1

九年前，我曾在大理客居半月。那时的大理，天高地阔，众生安宁，阳光就像蜜一样。

这样的大理，让我心心念念很多年。九年后与之重遇，却是赶在了雨季。五天行程，阳光只在一头一尾出现。绝大多数时候，它都淫浸在没完没了的雨里。早晨五点看窗外，还是一派清朗黎明，心说再睡个回笼觉吧。六点刚过，就被巨大的雨声吵醒。每一场雨又都无比随性，说来就来，稀里哗啦一阵子；说停就停，反正过一会儿我要再来。

就是这样一个雨季，我与一群四面八方的人儿，在大理听了五天连绵不绝的雨。也在暴雨如注的夜里，吟诗作对，把酒言欢。有姑娘新出诗集，一本本赠予众人，又一首首娓娓道来。有人唱自己爱的歌，“给我一瓢长江水啊长江水，酒一样的长江水……”我也读我最爱的许达然，“不再期待，期待一切曾被期待过的；不再赞美，赞美一切曾被赞美过的。以良知品评一切，你看很多书，燃烧很多热情，很多慈悲，很多冥想。你是真正存在的自己……”

有人躺下，睡去。有人醒来，继续喝。耳畔是一阵紧似一阵的雨声，暴烈到似要把屋顶击穿。昏黄灯下，影影绰绰有美人儿在煮茶。前一天我们互不相识，各在天涯。这一刻，绿蚁新醅酒，红泥小火炉。此生太短暂，好酒要喝完。爽。

比之江南雨季的绵软郁热，大理雨季更像西南人的性格，干脆、浓烈、倾盆如注。一场雨就是一场凉，盛夏季节，我们团里有人一直穿秋裤。

2

九年前的大理，每到下午，家家店主都会摆了桌椅在门口，烤太阳，谝闲传。那时候，大理叫“闲都”。汪勇还是个一年四季一条藏袍，每到夜里都抱着铺盖卷在人民路上找住处的壮小伙。苍山里一院古屋，有人花了一万块买下，又准备再花七万块自己装修。买家据称是位画家，修葺工程进行得三心二意。然而包括他自己在内的所有人都不着急，反正苍山一直在那里，有的是空成废墟的老房子。

今日大理，我再没有任何一个醒着的时刻，看到它空街空巷。所有店面都在极力化妆着自己的繁荣艳美。人民路上那些商铺，曾经在二楼平台长满的茅草，也都踪迹全无。人们不再满足于一楼商铺二楼居住的格局，急匆匆将所有能待客的地方全部挂上灯盏。汪勇已经有了自己固定的摊位，一身黑袍看起来熨帖又齐整。他瘦了许多，也不过四十五六的人，看起来像个小老头。状态却奇好，说话时直视人的眼神很淡定，张口闭口，都是些不太深奥的大哲禅理。

游客们赶去“九月”想看周云蓬。“斑马”酒吧变成景点，屋外张望拍照的人，比屋里听歌喝酒的人还多。很多人去找“大冰的小屋”，结果却是一间仅有几排座位，歌者与观众几乎脸贴脸，名副其实的“小”屋。我看着有些好笑，体验感欠奉，匆匆退出来。

年轻的亮亮姑娘拉我闲逛、聊天，聊来聊去却并不知自己到底想要问什么、说什么。人民路摩踵擦肩的人流，在深夜里躁动。每走一段，我们就会被人群冲散，或被什么奇形怪状的东西吸引。有时候，我们不得不将说过的话，再重复一次。未几，人群再次骚动，腿脚健康的汪勇正乘一架轮椅呼啸而过，左右各牵一只体量巨大但性情温顺的狗，四只硕大的耳朵随着奔跑上下翻飞。人们纷纷停下脚步来，好奇观看，举手拍照。

所以姑娘啊，我也不知道你该问什么，我能说什么。一切都那么乱，那么吵。只有汪勇还是汪勇。经过整整九年人民路的磨砺，他终于修成了大理城最富标志性的人物。他把自己活成了戏。

3

九年前，我骑自行车环洱海。洱海是一块纯蓝的玉。我在岸边看湖里漂来的船，与船工夫妇有一搭没一搭聊天；坐在海边木栈道上休息，阳光太暖，人几乎要昏昏睡过去；伸手去够洱海的水，掬来一捧，以为也是蓝色，撒下去却是透明。

今次，两日已过，我仍没有见到记忆里的蓝。岸边缺乏维护的小径，因雨水而泥泞湿滑。我们绕过各种正在修或准备修的建筑，努力想寻一处可以开阔观海的地方，眼前洱海却是一块被浮萍与绿藻覆盖的死水。我的洱海，它不再辽阔，不再幽蓝，也不再是一片流动的温柔乡，让人想要自沉其中，不复醒来。

一定有什么地方不对，一定还有更美的洱海藏在哪里——带着这份不甘，第三天一早，我独自上街，准备找一种合适的出行方式，去寻记忆里的洱海。与当年满街的自行车租赁行不同，如今的大理城已是电动车的天下。电动摩托、电动小汽车、电动蹦蹦车……各种价格，不一而足。

雨也不似前两日那般且下且停，而是不依不饶越来越大。与中国大多数城市一样，大理城已然变成一片大工地，处处脚手架，满眼皆水泥。电动车在雨里左奔右突，却总是遇到“前方施工，禁止通行”。洱海边，那些开业时曾惊艳了世人的民宿、酒吧，此刻正被大面积关停，只有一扇扇木门或铁门，在雨里静待它们未卜的前途。

原定十二点完成的行程，连滚带爬拖到中午一点半，终于到达了据称洱海边上最美的公园——喜洲海舌公园。其时风雨大作，大门口身着军绿雨披的守门人本欲阻拦，想是可怜这些落汤鸡样的家伙，挥挥手说速去速回，“风浪太大，太危险咯……” 高树与草甸早被风雨折磨得东摇西晃，统统一脸诧异地看着一群傻子继续往里冲。

海舌公园，因其状如伸向洱海的舌头而得名。当我们终于到达“舌头”部位，正是风肆浪虐时。洱海像受了惊的群马，脚下翻滚着烟尘奔腾而来。一波未平，一波又起。岸边有一堡垒，孤独独立着一棵小树，不高，不壮，看上去很是孱弱。然而在这种气候的外击下，也只是把满树枝条在风里狂甩。许是树根足够深扎，树干足够坚韧，它并未被摧倒。

几位大胆摩登女士，穿鞋举伞，走进水里拍照。大浪一波波涌上来，湖边的枯树干们漠然看着这些张狂的人儿，心里不知是在嗤笑还是慨叹。忍不了的是公园管理者，大呼小叫着想要赶我们出门。于是这风雨中的场景就变得相当滑稽：一伙儿身着各色雨披，多事又不怕死的家伙，被两位管理员满公园追得呼哧带喘像群狗。跑一段还要停一段，总想要继续在这水旁寻些更美的景致，更多的惊奇……

终于离开时，那个皮肤黧黑的管理员大哥一边关门一边讲：不好意思啊，天气实在不好……口音很重，口气很柔。路边田野里，一行白鹭上青天，扑啦啦翅膀响。虽未找到九年前的洱海，海舌公园里那棵孤零零的小树，却成为此行洱海留给我最震撼的记忆。

4

青稞是与我全然不同的狮子女。美丽、妖娆，身材曼妙，像热情奔放的叶塞尼亚。能歌善舞，写得一手好字。高声大嗓，略带沙哑的四川话嘎嘣脆地喊出来，性感得让人想要扑过去吻她的红唇。

接人待物上，我们更是相去万里。我崇尚“疏离感”，为避免结束，宁可从未开始。她则热衷于全情投入，像最鲜艳的玫瑰，盛开在最浓烈的火里。我介绍汪勇给她认识，不到两天，汪勇见我仍是合十作揖，满满敬然与生疏。青稞却早与他互留了电话，还勾肩搭背走在深夜的人民路上。好像与他认识九年的人，不是我，而是她。

小麦据说已是孩儿她妈，还曾抱着娃爬过很远的山，听起来彪悍得很。可是她是那么纤瘦细白，沉默寡言，全然一副少女态。偶有不得不发表意见时，话还未出，脸已通红。临别那天，小麦先行。她与各位一一拥抱，然后憋不住地哭出声来。表面越恬淡的人，心里大概越是藏着火。倒是整天唧唧哇哇的青稞，扑过去亲吻每一个人，大喊“你们这些家伙，不要忘了我”……并没有哭。

这一行，写诗的神仙姐姐，勤奋的 80 后画家，酷酷的纪录片导演，长得特别像《红衣少女》女主角安然的小路姑娘，眼睛很美很温柔的眉山刘大哥，超级帅气辞掉银行工作自己创业的郑州小伙儿，喝多了酒就要找人掰手腕的深圳飞哥……还有外形酷似陈佩斯的重庆男子，与美颜娇妻同携三个妙儿女，一家五口，羡煞旁人。

成都来的丁丁兄，永远用生命在搞笑。但只要坐下来，他就能给你上一课，从张献忠屠城，到民国文化……他给我看自己所写纪念清华校长梅贻琦先生的文章《新竹清华一副纪念梅贻琦先生的对联》，考据严谨，文笔整肃，与他嘻嘻哈哈的外表全不搭界。加上佛山杨哥，身材最好，胸肌最美。作为团队里的老大哥，这两位一瘦一壮，亦谐亦庄，一闹一静，搭配得甚是和谐。时不时的，他们总会来点儿小自黑，多为博年轻人一笑。此刻，年龄是上天最美好的恩赐，它让良善的人，浑身发着光。

恩施姑娘李力，身材小巧，皮肤晶莹，唇红齿白。我与她在路上闲逛，说起青岛人都爱喝啤酒，她幽幽接一句：我就不喜欢啤酒哇，又淡又喝不醉……瞬间就爱上了。人人皆宇宙。我们囿于生活，最幸运莫过于，所见所交之人是同类。也只有在这样毫无预设的相遇里，才能看到完全不同的人生，感受轰然落下的惊奇与惊喜。

我爱这样的相遇，它让我时时感到，一生，原来可以远不止一生。

5

男人和女人看野夫，角度和感受大概全然不同。男人看他，是好兄弟，真男人；是随时可托付，起身敢打架；是他的笔名“野夫怒见不平处，磨损胸中万古刀。”女人看他，则如柴静，注意他陪女性友人购物时，“两米外斜站，不上前，也不远离，衔一支烟悠然看过往行人。等我们挑完，他已经把账结过……”观察他在参加一个并不喜欢的活动时，“不参与，也没有不耐烦，自斟自饮，怡然自得。”

一群人因他来，他就少不了操心。出发时点名报数，全程车夫，还要联系午餐。他带我们去参观封新城的小世界，走那么远的路，仍不忘专门介绍我给那位媒体大佬认识。上山的路，不算崎岖，却也苦累，他不停用手扶腰，后来终于难忍，提出先行休息。停下来，却仍是认真给每一位同道当模特——该有多累呢，据说他每年至少要接待五百多位来客。他却一直都是认真的，认真当道具，认真摆POSE，认真合影，认真笑。

柴静还写：“平常里他从不与人争锋，席间不抢话，不讥笑人，不争口舌，有他的地方笑声最多，有人说话不得体，他也呵呵相乐，一派烂漫仁厚。”分别前的酒局，有团友喝醉，举止言谈难免略显轻佻。众人想听野夫说些正经事，却被这伙计各种小动作搅得心烦。有人叹气，有人想要抓走他。野夫却像什么都没看到，只是请大家提问，然后认认真真回答。之后醉汉略清醒，连说野哥对不起，我错了……他用双手捧着醉汉的脸，轻轻揉搓，慈父一般：“胡说，你有啥子错，你有啥子错？”然后把双手放在醉汉右脸旁，合掌轻击，哄小孩儿似的柔声道：“呕呦好嘛，你错了，打过咯打过咯。快点回家吧，不许跟媳妇还有孩子发脾气哦……”

我站在旁边，有点儿想哭。

人心是一件很奇妙的东西。有的大如海，有的细如丝。有些心未曾经历风雨，却天生凉薄，无法贴近。有些心曾在酷寒与暴烈中淬炼，却愈发炽热，通体散发着让人心动的暖——即便那团暖的核心某地，也许藏着一块经年的冰。万火难融，不予人观。

6

“世界上有许多人，你一辈子都在交往，也许你一辈子也没真正喜欢。但有些人，也许只有半面之缘，你却能够在心里默念一辈子。”

十日离开。大理，晴。

既然时光留不住

1

到达那天的午宴，吃到一半，康乐突然说不舒服。她才从嘉兴驱车赶来，又热又累，眩晕症发作。几乎没怎么犹豫，大家就商定，徐琦和孟蓉在家陪着，我和毛丽娟、林静出门买药。

杭州城果然时尚又方便。林静家楼下街区，三两步一个药店。加上毛丽娟大夫老公的遥控指挥，虽然康乐对于自己常吃的眩晕药牌子，四个字只记得两个，我们还是在走到第四家药店的时候找到了那种药。林老六一路得意扬扬：还好我明智，开了车出来，要不得走噶西多（杭州话："特别多"之意）的路……

给康乐买药的这个中午，9 月 15 日。二十年前的这一天，也是刚下火车的康乐犯了眩晕症，403 寝室的徐琦、孟蓉、毛丽娟、林静四人，手忙脚乱把她扶下楼。宿舍楼门口，她们遇到了两位师兄，侠肝义胆，帮忙把康乐送到医院。

二十年前的这一天，我正经历着三天四夜漫漫铁路线的最后阶段。第二天，9 月 16 日，我终于来到杭州，成为浙江广播电视高等专科学校文艺系编导班最后一个报到的学生，拿到全班最后一个学号：156。

2

孟蓉进门的时候，我几乎听到了时光停滞的声音，咔嚓咔嚓，咣咣咣。

T 恤衫，牛仔短裤，休闲鞋，发型，眼镜框……统统没变。没胖一点，也没瘦下去，她连双肩包抱在胸前的习惯都跟二十年前一模一样！

徐琦也没变，当年那个教会我们化妆的老大，如今还是个上了妆就能惊艳西湖的美娇娘；毛丽娟也没变，性格宽容了很多，毒舌愤青起来谁都搂不住；康乐仍是美的，弯眉巧笑里平添很多温婉平和；林静被她高白瘦的老公喂养得愈发富态，仍旧是那个比我们五个北方人更像北方人的大嗓门老六；我大概也是老样子，当年懵懵懂懂，如今迷迷糊糊。一路小心，却还是把一件外套丢在了杭州……

不止 403 寝室。陈斌老师还是美，甚至更美。但她永远一副不知自己有多美的模样，笑起来嘴咧到最大，牙龈全部露出来。跟学生一起狂喝，还帮喝多的男同学穿鞋子。会开到一半，有事提前离开，蹦蹦跳跳走了，又慌慌张张回来：哎呀包没拿……相比之下，李琼瑶老师还是一派女神气，红衣长发，笑容端庄，不远不近距离感。开会时细数当年情，用了很多书面语。

学生时代的哈图是勤奋的小伙子，会对找上宿舍打架的人大吼：我是

来求学，不是来打架的！今天的哈图是个勤奋的老伙子。几天聚会，他是最辛苦的摄影师。被拍了美照的女人们不吝各种讨好的辞藻，忙不迭为他献上颂歌——我们都长大了，不再像当年那般不懂事，不知好。

李宁和王河看起来仍然最登对，酒吧里敬酒，站在一起的两个人，好像参加婚礼答谢宴；刘静喝多了还是要说蒋敏昊，从上学说到现在，喜欢着嗔怪着；小靖愈发安静，老叶更加大姐大，李秋红美目仍然深邃。当年帅绝人寰的谢劢和余绍彬，真的都胖了，可是走起路来，一个仍然脚拖地，一个还是左肩比右肩高。还有单兆，少年时就布满眼角的桃花纹，人近中年，也不过更多更密了些……相聚的很多时候，我是迷糊的：这二十多年时光，到底是去哪儿了？

3

是变成那些已经长大，和仍在孕育和出生的下一代了吧。陆陆的女儿已经跟她分不清是母女还是姊妹，郁刚的儿子更是上到了大二。十年前聚会，汪剑的女儿跟叔叔阿姨一起跑步；十年后聚会，汪剑刚刚生完第二个娃。十年前，黄毅家的康康已经小帅哥初现；十年后，添了双胞胎儿子的她成了英雄母亲——世间最幸福，是爸妈看着孩子由小变大，由弱变强。时光留不住，幸有后来人。

是化作每个人眼里不再轻易紧张和激动的淡然吧。有个清瘦娟秀的姑娘，一直等在座谈会现场，是还未毕业的小师妹在为下一场活动备稿。年过不惑的男女，面对所有仪式感，都带着些不能自控的戏谑。姑娘却始终认真，总被众人嘻嘻哈哈打断，还能坚持把一本正经的主持词全部念完。我们是被时光戏耍的孩子，此刻最羡慕的，除了零星几张逆生长的脸，恐怕还有那份早已消失殆尽的敬畏之心。

是爬上老师们发梢的灰白吧。当年像李雪健、如今像刘佩琦的毛国芳老师；当年跟录音班吴中好似一大一小复制品的顾肖联老师……世间最揪心，莫过于年轻人眼睁睁看着长辈黑发变白发。他们都老了吧，他们还在这里呀。而我们就这样，各自奔天涯。

4

所以时光饶过谁？

我们的浙江广播电视高等专科学校，早已升格为浙江传媒学院。当年的文艺系现在叫电视艺术学院。十年前，我们还能在旧课堂里坐坐，今年已遍寻不见老教室。西圃园蔓草丛生，小凉亭日渐衰败。人们依着老照片在校园里找到当时位置，原景重现。姿势勉强一致，眼里或清纯或桀骜或咄咄逼人或楚楚可怜的神采，却无论如何，再难再现。

舟山东路面目全非，一脸黑线的大巴车司机随便把我们扔在一座大门前：就是这里。女生照旧糊里糊涂，只说哎呀变化太大，完全认不出。好在男生理性，瞅来瞅去互相论证——不对不对，这不是我们的学校，还要穿过操场，还要走过草地……学校差点走错，有人可都开始拍照了。

操场上，遇见同样聚会的同届新闻班。李秀秀变白了，大酒窝还是很好看。陈啸一脸沉稳，身形健硕如方片老K。明明我是认得他的，却完全想不起当年模样。余民倒还是老样子，身材板正，皮肤黝黑，仍然背着双肩包——呃，不对。他当年背双肩包吗？我们是认识的吗？曾有过交集吗？那些我需要使使劲儿才能把过去与现实重合在一起的面孔，真的跟我同学过吗？我脑中所记得的一切，真的是曾经的一切吗？

时光面前，我们都是败兵。一路被追，一路狂奔。逃到最后，已经不相信记忆，不相信留存。我们对所有变化全盘接受，甚至不惜根据现状调整回忆，希望自己在一片空白面前不致太过尴尬——反正也没得选。

5

德君就是那个在宿舍楼门前遇见的仗义师兄。另外一个，是他宿舍的播音班大帅哥陈晗。403 与 318 的友谊，从二十年前六个姑娘到达杭州的第一刻就开始了。

德君属于葛优所说“从小就比别家孩子显得老”的那种孩子。所幸这种人，二十年前和二十年后基本没啥区别。甚至有理由相信，再过二十年，他大概还是这副模样。然而，江南氤氲的空气，没能磨掉他的大哥大气质，微信朋友圈里的他，却早成了个柔肠百结的晒娃萌爹。

听说陈晗还在深圳做主持人。对于他，我唯一记得的是很多年前他到新疆出差，我看着那已然发福的身材，脑子里想的却是：这个人，当年曾有多少姑娘为他神魂颠倒啊……

陈师兄，你还好吧？

6

大学几年，我曾在据说当时中国最长的铁路线上往返。绿皮，硬座，72 个小时从乌鲁木齐到杭州，再 5 小时杭州到上海。这段路，我每走一次，就要重病一次。每走一次，也都有奇遇若干。

但印象里最深刻的那次行程，却是关于骆湘的。

那年冬天，西安转车。结果先下车的谢励却将我和韩鹏的车票揣在军大衣口袋里带走了。没有车票，没有任何通讯方式，被候车厅拒之门外的两个人，在火车站广场上苦等不知何时才能发现车票的那个人。

深冬的西安，夜黑星稀，狂风大作。一个瘦削黢黑面目狰狞的陕北男人来回逡巡。我躲在同样瘦削的韩鹏身后，徒劳无功地想要躲开风，以及男人恶狠狠的目光。心里把谢励骂了一百遍，世界却仍是一片停止呼吸般全无盼头的绝望。

后来，许是里面的同学求情，我们终于被放进候车厅。浑身冻僵，魂还没回来。脑子木着，眼睛也在冷热刺激下一片模糊。突然，我俩手里分别被塞进一桶方便面——在那个我们还只能吃一块钱“鼎鼎”袋装面的年代，那是货真价实的桶装“康师傅”，热气腾腾，香味扑鼻，刚刚泡到好处，叉子插在碗口。

是骆湘。我已经完全不记得他当时说了什么，不记得自己有没有抬头谢他，又是怎样一口口吃下那桶面的。未来很多年，每当回忆起这件事，就总好像有什么东西，一滴一滴，吧嗒吧嗒，落进碗里。

毕业后很多年，我和骆湘交往甚少。关于他的信息，隐隐约约，时有时无。不知这二十年他是如何度过，也不管平日的同学群里，他是怎样嬉笑怒骂没个正形，我却明白他对那座城市无法割舍的情结，也理解此番聚会，他为什么会每喝必醉。有些人的心，天然暖。无论它辐射出的热度有多大，也无论人世百态有多糟，那份暖都是世间至宝，我曾亲身遇见过，我会永远珍惜它。

7

有一个人的名字，大家都没有提起，好像不约而同绕过一口深不见底的井。然而，又有谁会真的忘记，当我们在旧照片里看到她，当我们说起往事。时光对每个人都公平，又分配给每个人不同的命运。少年时我们渴望长大，以为长大了所有的事都能迎刃而解。一路混到熏熏中年，才知原来日子是没完没了的问题连问题，一年接着一年的错过和失去。既然结局早已注定，人生的路该怎么走，能走多久，又有什么区别？

坤子。你一直是我们中的佼佼者，此番也不过是比我们所有人都快了一步。聚散终有时。祝你快乐。

8

老师们都说，二十年一过，你们会聚得越来越多，“恨不能一年聚一次”。

其实我们与他们，还是有不同吧。当年我是403最后一个离开的人，林静站在火车下咧嘴大哭的场景，犹在眼前。然而这次，我和徐琦买了前后只差二十分钟的飞机离开，机场里我们只是挥了挥手，就分头去找自己的登机口了。微信是个大磁场。它将四散的人们吸回来，聚起来。今天的人们，世界随时可以去看看。当距离不再是距离，想念也就没有那么想念。

我们如此迷恋世界消失的部分，迷恋时光的逆转与重临。相逢是首歌，青春是绿色的河。青春终将不再，每一个个体也必定在孤独中成长老去。既然时光留不住，唯愿可以回首处，那些沉睡的过往，那些消失的面孔，那一层层包裹住心脏的沉疴，都能一一醒来，穿过我此时此刻写下的每一个词，每一段尘土飞扬的句子，化为永恒。

少年心事江湖老

1

10 月，天秤季。圈里有男女闺蜜依例同时庆生，我负责张罗酒局。酒过不知道多少巡，其他人还好好的，我却莫名其妙醉了。

作为攒局人，这场醉弄得我颇为尴尬，就好像请人到你家吃酒，你自己却先醉倒床上，让人扶也不是走也不是。好在友众并不介意，之后还调侃：哎哟瞅瞅你那金豆子掉的呀……

喏，这就更尴尬了。人人醉酒，表现不同。有人说话有人嗜睡，有人表白有人干仗。而我于年少时，百分百矫情人儿，每逢酒醉，必哭无疑。后来反省，那许多哭简直就是没来由地自找。再后来年长些，性子温顺了，心大概也硬了。好酒之心不减，哭却越发少了。谁还没点儿伤心事，眼泪当真是最不顶事儿的玩意儿。话说回来，天地浩大，蜉蝣身小，哪来那么多伤心事儿啊？

然而当时，我却哭得投入，以至于花了很长时间，才捋清楚起因为何——几位老友在生日宴里提到，一个已连续进行两年的艺术展将会在今年年底进入第三季，当然人们也自然而然提起，这个展的起始过程，以及在策展人与参展人心底最深处，它与某个人的勾连与思念……

眼泪的确是某人催生的。

朋友圈里有段话：至亲离去的那一瞬间，通常不会使人感到悲伤。真正让你感到悲痛的，是打开冰箱的那半盒牛奶、窗台上随风微曳的绿箩、安静折叠在床上的绒被，还有深夜里洗衣机传来的阵阵喧哗。而世间最尴尬的状况莫过于，那离去的人原本不是你的至亲，在世时你与他也算不上熟稔，你其实也从未意识到他的离去对自己的影响有多深，人们一年一度的追忆活动你甚至也从未参加过……直到某个瞬间来临。

有些人事，脑子假装遗忘，心念永远记得。我那晚的眼泪，大概就是在觥筹交错热火朝天的气氛里，突然感受到生命无常与孤独，意识到无论多么努力的人生，说了归齐，不过是一天又一天的失而又失，一次连着一次的覆水难收。偏偏这些感受，如果不借着点儿酒，我们经常会不去想，不敢信，不甘心。

这么想来，我的这次哭，矫情就矫情了吧。既然这般无解。

2

12 月，一番兵荒马乱的忙碌后，我与小麦回她乡。长期繁忙劳顿带来的背疼，在从北京往沽源的长途车上突如其来地发作，让我坐卧难宁。小麦用她瘦嘎嘎的肘关节给我按摩，新疼压制老伤，双重疼痛带来瞬间清醒。透过脏乎乎的车窗，我看到塞外天寒地冻的荒凉，太阳在层层雾霾与白光中强作欢颜。路边渐渐显出初雪的痕迹，心下动了动：我的家乡，也该是雪原浩渺的景象了吧。

最近这些年的出行，多数不是因为风景，而是因为那地方，有那人。沽源县地处内蒙古高原南端，认识小麦之前我甚至从未听说过的一座小城。它小小的，旧旧的，矮矮的，是中国北方最常见的那种边境小城。中国这些年大规模的城市改造，孕育了大江南北如出一辙的造型，与我在新疆、在江南、在任何地方看到的相差无几。张二先生开车接我们穿过霓虹闪烁的市中心，我大呼小叫：哎呀这里也有德克士……晚饭吃得印象深刻，不过是因为实在咸得齁人。

所以你会讶异竟有那样一间书吧。游走其间的几乎所有时刻，我都在忘记这里是沽源。每一面书墙、每一张座椅、每一片灯光、每一幅招贴……它是暗夜里闪着光的珍宝，以遗世独立的姿态站立，倨傲清高。它的存在让我惊觉：城小又如何，菜咸又如何。这是一座如此神奇的城，是小麦和张二们的精神家园。家是怎样无从挑拣，种什么样的花，却是每个人不同的选择。

那晚客散，张二弹琴，两个 70 后一唱一和玩“你起一个音，我猜一首歌。”80 后小麦强迫症地把一个大花盆拖来拖去，总也找不到合适的位置。90 后亮亮除了自拍和她拍，还给远方的人现场直播——观战当然无聊，怕是也要到我们这个岁数，她们才能真正理解每首老歌所代表的，远远不止是“老”。

之后夜聊。“从中国国民性到普世价值，从民谣到电影，从 12 月 24 日聊到 25 日。当然不可避免地聊到了爱情。同样不可避免的是，什么也没有聊清楚……”（张二语）。而我大概会在有生之年，老年痴呆之前，长久地记住这个夜晚，就像记得年少时曾有过的那些秉烛夜谈。屋外应该星光灿烂吧，或者有雨在下，有雪在飘。暮光尽，川草过清明。

谁的韶华流过鬓发，谁噙一笑煮酒畅聊。谁能相忘，花前月下，你我纵是静坐，少年心事江湖老。

3

自相识起之后半年，亮亮姑娘一直处在走四方的状态。我常能在她的朋友圈里感受到一颗年轻的心经历着怎样的焦灼、不解和困惑。这次见面，我发现剪了短发的她，焦虑仍有，神情中却多了些她自己可能都不知道的释然。有心者有所累，无心者无所谓。成长是笔财富，却也不可避免地从清澈沦为混沌。因此，我有时候会痛恨自己在她面前表现出的所谓明晰、知晓、看透，以及活够。

荣格说：我们毫无准备地就步入了人生的暮年。更糟糕的是，我们是带着错误的预设，才造就了我们如今的真相和信念。但是我们并不是依据人生的起始阶段那样计划着，才活到人生的暮年，因为开始我们认为很好的，到了后来就不这样认为了，甚至一开始我们所坚信的，到最后会发现是个谎言。

也许正是带着“毫无准备”的“糟糕”，我才有 10 月的那次醉酒痛哭，又也许是还想要搞清楚“为什么以为很好”，终有一天却“发现是个谎言”，我们才会有 12 月的那次深夜尬聊。

人生的确不至于从绝望中寻找希望，却真可以从无趣中找点有趣。这就像小城沽源里的那间书吧，大环境无可选择，但好歹我们能够播种自己心爱的花。行所应行，受所应受，便是一生。

我一生中的这丁点儿时光

一封情书

我一直相信，到生命终了的那一天，自己是需要救赎的那个人。我生性敏感脆弱，嫉恶如仇却胆小怕事，狮子座冒失冲动三分钟热度与处女座纠结较真洁癖矫情结合体。深信人性本恶，不认为有绝对忠诚存在，对背叛与虚伪反倒相对宽容。美好是个虚词，我也赞颂，却并不笃信。我很努力地生活，尽量看上去朝气蓬勃，实际上一贯标榜自己是个“非常乐观地活着的绝对悲观主义者”。人生才不是一盒不知道什么口味的巧克力，而是百分百叔本华：它是一场毫无意义的悲剧。

瞧，我就是这样一个人。假硬朗装大气，真自卑玻璃心。我信奉“优秀的人不扎堆儿”，厌恶戏剧化人生，回避莫名其妙亲近，杜绝所有浓烈感情的表达。多发了两条朋友圈，我都要反省自己是不是过于自恋、太爱招摇、不够成熟。任何形式的“爱”在我看来都有功利心，最终也必将以荒腔走板告终。

可是大理，我爱你。这是这个情人节，我写给你的一封情书。

三个肿瘤

大概在去年这个时候，我自费做了一次全身体检。起因是半年前，我被发现肺部长了磨玻璃样结节。齐鲁医院那个年轻但已几乎半秃的医生一脸认真地嘱咐：先别管你那些莫名其妙的疼痛，都是小事。这个结节，必须每半年复查一次，否则就……巴拉巴拉，巴拉巴拉……

万万没想到，半年之后的这次体检，肺部结节还在，子宫里又发现了肌瘤。体检大夫是个五十多岁的眼镜姐，说你这个瘤子位置长得不错，只要不生孩子，“停经之后就没有了”。而更让体检中心大夫念念不忘，连续五天给我打电话的，是在我的右脑上侧，也被发现长了一个小东西，俗称“脑膜瘤”，直径七毫米。

看到体检报告的时候，我的大脑瞬间空白了一下，然后赶紧回到报告顶部仔细确认，在看清那上面真真切切的“肖瑶”两字以后，我用大概半小时，查了查有关脑膜瘤的相关内容。虽然百度是个庸医集散地，但多多少少还是让我了解了这个“中年妇女多发病症”。接着，我又用了半小时时间，联系朋友约了复查大夫，选了几位最亲近的人告知情况，以防真有一天如病例所说突然晕厥而无人知晓。然后，这件事在我，就算真真正正过去了。

这回还真不是假装坚强。我自知是个并不十分爱惜身体的人，从来信奉“生命在于静止”，也曾烟烟酒酒，经常通宵达旦。燕窝海参妇人美颜养生汤之类，在我看来更是聊以自慰的致幻剂。而年过四十，我身边已有同学早逝，更有亲朋罹患各种病症。都是普通人，能落在别人头上的事，凭什么我就必须例外？

而生活，真的还有很多事情要做。父母要孝敬，亲妹子还要相携一起变老。哪怕三天两头掐一架，打个电话也能吵起来，这世上让我一想到如果他们不在我就会完全不能接受的人，就只有他们三个；房贷还要还，哪怕目测直到退休那天，那仍是个看起来遥遥无期的数字；三只猫需要我送终，陪伴我的十几年，就是它们完完整整的一生；作为女人，我主动放弃了成为母亲的权利和义务，那种生命中不可承受之重，却仍然不可抗拒地存在于我生命的每一个相识与所爱……

如今半年过去，对于已然存于我身体里的那三个肿瘤，我唯一的变化是不再抗拒说出它们。我要坦坦然然开启自己40岁以后的“带瘤生活”，并已经做好准备，迎接必然要来临的每一次大脑一片空白的瞬间。

大理是生地

“生地”。这是我的双脚再次踏上云南大地那一刻，立马出现在脑海里的词。上帝对这片土地的偏爱，让全国上下都深处苦寒、雾霾与昏暗一片的时节，这里仍然花红柳绿，阳光怡人。因为元旦时曾被成都的阴冷折磨到发疯，我里三层外三层地包裹着自己，却很快被下午四五点钟的太阳狠狠嘲笑。

然而，我的心是多么欣喜啊，当我看到地上自己的影子被拉成长长一条，旁边是行道砖上淡淡而清爽的水渍。风吹散头发，二月的，大理的，暖暖的，风。

这是我第四次到大理。对于一个热衷于东跑西颠的人来说，这个频次足以让很多人在我朋友圈留言：你又去那里啦？我曾很多次书写过这里的一切：古城，洱海，画着漂亮花纹的白墙屋顶，黑黢黢又满脸皱纹的白族男人……而因为一次又一次的不同与变故，我也曾自认理性地评判过它，还力劝想要在此安居的闺蜜，这里并不似看起来那么风轻云淡。恰恰相反，它的世俗、浮躁、暗流涌动、世态炎凉……我像个看尽人世沧桑的老妪，冷眼旁观，自以为是。我坚信世间没有世外桃源，我可以在每一个仓皇而狼狈的时刻奔赴它，投入它，请求它安抚，渴望它疗愈。但我也必然能义无反顾地抽离它，一别两宽，再无挂念。

可是，可是啊。大理，每当我身在其中，却还是贱贱地想要赞美她，热爱她。

即便，古城已经不是十年前的古城，尤其旺季的晚上，用摩肩接踵已经不能形容。那是绝对进得去、出不来，被各种源于义乌的旅游小商品所充斥的街市；即便，洱海边打从整治开始，一直断壁残垣满眼。上次来是雨季，一走一脚泥。这次来遇风季，一吹一脸土；即便，酒吧里多是赶场的年轻歌手，刚才在这家看到他，转眼就出现在那家。唱的也都是口水歌，很多年前这里满街满耳《滴答滴答》，今年这里家家户户《成都》——只是无一例外把“和我在成都的街头走一走”改成了“大理，带不走的只有你”。

可是，大理的夜空仍有星星，夜空也仍是浓厚深蓝的幕。大风夜夜轰鸣，像在你头顶作威作福，天亮之后，太阳却从来不吝光芒。无云的日子，天空澄澈高远。风起的时候，云随风动，跑得飞快。很多年前，我在大理街头认识了一个叫汪勇的人，并把他写进书里。时隔两年，有闺蜜拿着书，竟然就在人民路上找到了他。上一次来大理，我还认真寻到过他，虽然他早已记不得我，人也完全变成了我不认识的那个人。这一次，我没有刻意再找他，却被飘香酒馆那个中年谢顶老板的吉他弹唱惊艳得念念不忘……

这就是大理吧。它每时每刻都以不变吸引你，又以每时每刻的巨变蛊惑你，让你一旦深陷，便欲罢不能。

那些终将分离的人们

如果说云南是大自然的福地，大理必是最具烟火气的所在。无论你来多少次，最终能长久留在记忆里的，一定是那些你不期然遇见的人。

三年前我第一次遇见，并以为再也不会再见的野夫老师，据说因为受不了家乡长时间的不见太阳，重回大理过春节；三年前我第一次遇见，几乎没有任何交流的许倩姐姐，这次几乎承包了我所有的秉烛夜谈和茶话会。他们的存在，让大理与我，坐实了从他乡到故地的变革。有什么地方，能比拥有“旧相识”更牢固的亲近呢？

十几年没见的旧同事，在微信上给我介绍大理故交，“你们都是奇怪的人，一定有共同语言”；自加了微信就从来没聊过天的客户，特别给我推荐鸡足山的大和尚，“一个很好的人，一定替我问候他”；还有同在一座城市却极少见面的同事亲朋，一个说马上要带老婆孩子到大理度假，一个说人已经在腾冲，“干脆我们在大理喝个茶聊个天吧”……有什么地方，能如大理这般，把这么多几乎遗忘的牵绊同时勾连呢？

初相聚的夜晚，歌者歌之，笑者笑之。有来自湖北的诗人，得知我的家乡，当场分享他在新疆游历时的组诗：“大草原啊，我为你哭泣/

其实又不是，是为自己 / 作为动物之一种，人类子嗣永远的羞愧。”美丽的毛毛姐，眉目深刻，异域风情。初见是维吾尔族美人儿，细看又有藏族女人的朴拙。她在大年初三从昆明匆匆而来，只为一次说走就走，想见就见；一直说自己“何德何能”的昆明诗人老六，才喝两杯就熏熏醉倒，未来几天却成为所有人都宠爱的大宝贝。

住在山水间，大理最早的别墅区。屋亮景美，满园春色。只是面积大得吓人，不认路的几个人，每次回家都要找上半天。大年初二，相约去看春节档，怒放的玉兰树下，偶遇戴礼帽的藏族大哥尼玛。他开车把我们送到影院，还陪几个女人在大理大学里游逛，之后便结识了他美丽的白族妻子小敏。故事的高潮是三天后的晚上九点多，大理城遍寻不到吃饭的地儿，我打电话咨询小敏姐，不想却被她强邀到家。四个冒冒失失的外乡人，吃了一顿让我再也不敢自吹做饭好吃的家常菜——这大概是只有在大理才能发生的事情。饭足汤饱之后，小敏姐说:“没啥事儿你们就走吧，我要去抄经了……”

大年初二，天高云淡。三个女人披着阳光出了门。没有跟店家打招呼，我们自顾自地找到了那间名叫“溪桥忽见”的客栈。蓝得要滴出水的天空下，白墙耀眼，竹叶翠绿。老板刘先生，棒球帽眼镜男，一笑俩酒窝。一口好听的南京普通话，口头禅“哎哟吾滴个妈呀！”简直让我爱死了。客栈干净清爽，符合老板处女座的风格。临沂来的管家小徐，红黑瘦长，懂事又勤快。还有广东自驾来的一家，哥哥俊朗，妹妹漂亮，说是已经在这儿住了六天，下午要往丽江去，却一直忙活着冲茶倒水，让我们误以为是客栈服务员……

正聊天间，门口进来一人，清瘦精致，衣品时尚。初见倨傲，相处之下却是个逗比。之后几天，这位重庆来的土豪作家谢老师承包了我们所有的笑点。最爱说我们都是狮子座，“一伙儿的”，结果发现我俩最大的相同之处是全都不认路，永远糊里糊涂。

……

瞧。这就是大理。在这里，你永远也别愁遇不到有趣的人。惺惺相惜这种事，在这座城市似乎永远都在发生。有时候你会赞叹缘分的神奇：怎么就能让如此相投的一帮人彼此遇见？我却深信：在这里，你不是遇见她，就是遇见他；不在这里成为知己，就在那里相谈甚欢。差别可能只是你早了一些，我晚了一点，然后我们同时踏入了同一家客栈。从来没有什么命中注定，只是因为身在大理。这里的每一次相遇都值得挂念，每一份深情，都足以让你用之后漫长的岁月，去回味，去咀嚼。

然后我们终将会像云南秋天的云一样，匆匆涌来，又急急散去。只留下大理城，是敦厚淡然的老者，静静观看，默默等候。

以及

闺蜜兰姑娘，始终不喜欢我人生观里悲观的部分，无论文字表达，或者生活选择。实际上我也始终在反省，究竟是什么造就了这样的我。年轻时，冲动任性，骨子里的自毁型人格会让我不管不顾，做出很多自己都无法收拾残局的蠢事。人渐长大，我在处处碰壁和吃亏里学会了自保，为人处世貌似理性泰然，却也失却了很多纯粹与简单。就像比较十几年前的文字，如今的我，笔力大概有所提升，技巧应该也有长进，那种蠢蠢欲动的热情和质朴无华的表达，却再也难寻。

此番大理，我在与萧萧的闲聊中，突然意识到，我们两个相识十六年的人，其实都在或远或近的陪伴里，各自找到和选定了完全不同的处世之道。相比她生活里仍然朝气蓬勃的孩子气，和对心头所好的热切无距，我身上莫名的严肃与疏离感显得格外可笑。长久以来，因为担心被人指责小女人、大矫情，我不但会刻意回避谈论感情，甚至完全不去书写。无论好的坏的，快乐的不安的，欣喜若狂的期期艾艾的。我铸造着自己的铜墙铁壁，视轻易真情流露为幼稚。被坚执锐，耻于说爱……

而大理，只有大理。这一次我不能不承认，每每进入它，我都会像被蝴蝶泉清洗出原形一般，不吝展露自己的虚弱和槽点。它给我时间静心，允我打理心境。它更赋予我勇气，抛却那些莫名其妙的自我设防，还有挥之不去的末世情绪。

当然，我仍然很难对任何事全情投入，也仍然不相信所谓天长地久，但就像大理城里朝来夕阳去的人一样，我们每个人都是不由分说被带来这个世界，却大多无法全然不顾地离开它。在所有这些愿与不愿之间，我们唯一能够主动选择的，不过是认认真真赞美眼前的每一次日出与日落，全心全意珍惜已存的每一次相知与爱恋，心甘情愿接受一定会发生的每一次别离与逝去。

要爱，要敢说爱。然后，勇敢去恨，去放弃，去生厌，去言败，去面对和承担这世上我们必须要面对和承担的所有。

这就是大理时光教会我的所有。

秋。

芸芸众生里，

我就只看到你的好。

谁要总问为什么，

大可甩他一脸白眼：

管得着嘛？

何必执着，刻骨不过空欢喜

本文题目来自电影《无问西东》，内容说的就是这部电影。

温情，克制，不疾不徐，有史诗片的野心，却看不出野心里狰狞的獠牙。豆瓣评分6.6，一半四星，一半一星，几乎没有中间分数。唱衰的声音里，有一个共鸣颇多：“文艺范儿太重，对观众不友好。”我却以为，这是迄今为止完爆一切国内青春片的青春片，也是所谓主旋律正能量电影里最清新自然不恶心人的一部。几分重要吗，对于一个会为明星成年礼送卫星的观众群……

包括黄晓明，演技全在线。忘掉自己长得很好看的黄教主，真的可爱。而他牵着章子怡的手，一路飞奔在金色校园里感受“核”的过程，是近几年国产片里体现男欢女爱与青春飞扬桥段的最高水准。

当然最惊喜莫过于陈楚生（饰演清华学子吴岭澜）。眼神清澈，神情淡然，旧时文人气质浑然天成，虽然出场不多，却几乎代表了整部影片的基调。再回想他选秀歌手出道的经历……好分裂。

至于王力宏。那么眉目如画，英美俊朗的一个人儿，让他出演那位“什么都能做好”的角色，可信度很高。所以即便他全程统一表情，你除了更加深信人各有命、天设不公外，也只能觉得“本该如此”。

六年前的章子怡早已牛到不行，一个擦护肤霜的背影，全是戏。

许老师与师母一段戏，是四段主情节之外的偏枝，却因为刘淑芬（郑铮饰）的跳井而显出格外惊悚和哀恸，实在让人难以忘怀。当年看“87版《红楼梦》中人二十年再聚会”，就觉得常年旅居美国的郑铮（鸳鸯的扮演者）气质与其他演员非常不同，在这部全是角儿的戏里，她的表演丝毫不弱。许老师演得也很不错，可惜遍寻不见扮演者名字。

与其说米雪的出演是惊喜，不若说沈家家训是传奇。这段家训，被米雪和王力宏用纯正粤语一字一句说出来，那不怒自威的贵族气和三代五将的大家传承……忍不住暗自嗟呀：我朝若是以此风范持续到今，该是何等模样？

沈光耀（王力宏饰）手绘本上有一幅三位白衣女子背影的速写。影片中她们曾与沈光耀擦肩而过，彼时他对她们目不斜视、不理不睬。她们认为他倨傲不群、无情无义。而事实上，所有美好都被他看在眼里，画在纸上。只是家国情仇里，他选择了大义，只将儿女情长深深埋在心中。他不是不动心、不懂美、不动情，他只是有更重要的事情要关注，有更大的责任要去承担。

纵观全片，无论吴岭澜、沈光耀、陈鹏还是张果果，都是大胸怀、大格局、大器量的代表，不沉溺于红尘小爱，却又个个深情无言……不能不说，这是一部典型女性视角评判下的好男人宝典——当然，脸好看，还是特别甚至第一重要啊。

瑕疵也很明显。张果果（张震饰）的故事线凌乱、情节设置肤浅，活脱一出职场肥皂剧。尤其这段还放在影片开篇部分，没耐心的观众，估计会在这个桥段就先给影片打了低分。虽然结尾处的四只胎毛笔将整段故事扳回一城，但这个故事的气息与另外三段的偏差还是无法忽视。这种偏差直到果果父母说出自己被李想（铁政饰）救助的事情后，才算连上了戏，却仍嫌勉强。而另外三段故事，时代虽也相隔甚远，气息却十分契合。这个分水岭也许恰好暗合了如今我们正在生活的这个时代与前世传承的某种气息断代。

影片格局越大，对导演把控能力的要求就越高。这一点，其实中国目前的导演，没几个能真正做到（《霸王别姬》一枝独秀，后继无人）。对于一个有野心的女导演来说，也算是可以理解的力不从心吧。

第一次对于电影中的旁白不讨厌，相反特别有感。词好是关键，张震的腔调亦功不可没。而清华学子雪中拉小提琴的情节，则特别惊艳。也是从这个桥段开始，我突然领会了这部电影的美学追求，所以很难认可电影被指“过于煽情”。大陆电影最近这些年已经不懂抒情或者说完全不会抒情了。过度追求快节奏，催生出看似密集转换的对白和情节，其实往往只是单纯的镜头叠加，毫无深意可言。这部电影里许多看似心无旁骛的抒情桥段，恰恰展现了中国导演难得一见的笃定与自信：别慌，慢慢说，急什么呢？

已经多少年了，国产电影可曾有一部以知识分子为主角，并反复对自我价值进行拷问的电影？这种用一百年历史风云变幻、几代人人生经历，去讨论人生观、世界观、价值观的电影，带着一种兀自的高冷感与书卷气，着实值得懂得的人偏爱。导演李芳芳以极大的耐心和耐力，探讨青春的意义、人生的价值、教育的主旨、爱情的力量，做人的根本——在那么多狗血剧情与崩塌价值观构建起来的中国影视剧虚假繁荣里，这种探讨，本身就是瑰宝。

比利·林恩的困境与选择

很多年前，我刚刚大学毕业，月薪只有四百多。但每个月领工资之后都有必买的东西，要么是一本书，要么是一张光碟。记忆里，我是用了将近一整年的时间，才凑齐了王小波的“时代三部曲”和李安的“家庭三部曲”。当然，那时候我并不知道这俩人分别有多牛，也根本没有想到，他们会在之后很多年，以各自不同的方式，主宰和调动着华人文化艺术界的风起云动。

与王小波充满机智戏谑，颇有些捉摸不定的文字风格有所不同，李安多年来几乎所有题材的作品，即便时代不同、国度不同、风格不同、采用技术手段不同，讨论的问题却都是一个：人类在面对困境时的无奈与选择。

从《喜宴》《断背山》里同性之爱的困境，到《推手》《饮食男女》里两代人相处艰难的困境，再到《色戒》里道义与情欲纠结的困境。《卧虎藏龙》里人人都有困境，李慕白“阻止不了欲望”，于是注定得不了道；俞秀莲一生困于对李慕白的爱而不得；玉娇龙活在世上唯一所求就是快活便好，得不到快乐，不如去死。到了《少年派的奇幻漂流》，主人公的所面对的岂止是“困境”，简直就是“绝境”，然而真正困住那个印度男孩儿的，却不是大海也不是老虎。奇幻绝美的表象与血腥残酷的现实之间，隐含着一个纠结于宗教信仰和理性思考的拧巴的人生选择。

比利·林恩的困境，似乎更加显而易见。我并不同意之前看到的影评把男主简单描述为一个“普通少年”，李安塑造的比利·林恩显然自带主角光环。他鲁莽冲动，却又朝气蓬勃、充满活力。在第一次实战中就救下班长，并在近身肉搏中取得胜利，成为战斗英雄。超强的心理素质让他在一群同龄大男孩儿中，逐渐成为事实上的领导者和主心骨（同伴惩戒口出狂言的男人时，比利湛蓝的眼睛里，透露出的是久经沙场的战士才有的坚毅、决绝甚至冷酷）。正如片中班长所说，命中注定比利·林恩应该是一位士兵，不管愿不愿意，他的宿命，就该是到战场上冲锋陷阵。

可是，正所谓“说多错多，想多苦多”，比利·林恩的困境恰恰源于他并不能安心接受这样的“命中注定”。战争的意义到底是什么？谁有资格到别人的国土上大开杀戒？有人为了6000美元补贴赌上性命奔赴沙场，有人随便花几万美元就为抢一场球赛的前排座位；军人在战场每日面对生死和炸弹，在所保卫的国家，人们更关心的却是你有没有搞同性恋；喜欢的姑娘所想要的原来不是长相厮守，而是在自己年轻的桃色经历里多添一位战斗英雄……

当一个士兵所有的付出都在国家和英雄的虚妄想象中被轻贱得一文不值，那些牺牲有什么意义？那些烟花有什么意义？那些将他们高高升起，又必须在九分钟内拆除的舞台，又有什么意义？与战士身份所带来的困境相比，生活的困境似乎更让人感到胶着无力。一直心心念念要回去的家，其实问题多多：心疼自己却无能为力的姐姐、碎嘴的嫂子、从不露脸的哥哥、易怒的母亲，还有终日坐在轮椅里痴呆的父亲……不止比利，片中几乎所有人都在各自的困境里无法自拔：为养家而上战场的酒保，为营销电影而从始至终打电话伏低做小的经纪人，还有那几个资质平平的B班战友，与“准战神”比利·林恩相比，他们的不得不回到战场，不啻是对各自困境的无奈妥协。

所以，既汲取了西方文化精华，又极具中国传统文人情怀的李安，最后想要表现的还是人生困境之无法选择吧。高伟同选择顺从父母，还是举行了喜宴；王佳芝选择爱情，放走易先生害死自己；比利·林恩无论如何不甘心，仍然自动选择回到伊拉克……人生别无选择，生活常陷困境，这是生命的常态，也是李安电影一贯的态度——无法选择战与不战，无法选择文明社会，无法选择他人去留，最后能控制的只有自己。此生轮回都是宿命，安之若素是自渡的通途。我们的选择，不过是我们的命运借以被达成的手段。抗争不过命运的安排，也抗争不过自己的天性，就好好认命吧。

李安热衷讲述的故事和他一辈子的口头禅高度默契：“唉，这都是没办法的事啊。”他常说他电影里的主角都是自己的化身。从玉娇龙到王佳芝，从少年派到比利·林恩……与其说这些人是李安，倒不如说他们更像是李安自己想要成为的那种人，他只是为他们倾注了后天的自省和自律。比利·林恩与战友们在后台与场工打的那场架，不是抗争后的接受自己，而是懵懂无畏地撒了一回野。那也许是导演李安在认清世事困境，接受洪荒人生前，对少年自我的最后一瞥吧。

只因是少年

1

“当当网”夫妇离婚大战传得正盛那天，我去看了《少年的你》。你瞧，这就是现代人不得不面对的现实：无论愿不愿意，总有那么一个时间段，充斥网络、让你无处可逃的消息，有且只有那几条。要么是李国庆又反击了，要么是易烊千玺演技炸裂了。想不跟风，很难。

关于李俞，很多“大明白”揪出二人闪婚闪孕的当年，力证这场结合从一开始就是各取所需的利益婚姻。我却不信，那些曾经就只有算计。即便到现在，网上还能搜到很多他们二人的旧合影。在美国初相识，在纳斯达克敲钟，在各种励志书籍的封面……我不相信那两张曾经年轻而意气风发的脸上，所有的笑、甜蜜、惺惺相惜，从头到尾都是假。

只是时光会变，世界会变，人会变，爱也会变。谁也不想曾经相濡以沫的两个人，要以如此难看的姿态彼此撕扯。然而更为不堪的，难道不是那些或幸灾乐祸或早知如此的看客吗？刀没落在自己头上，人人都是执法者。看热闹不嫌事儿大，盼着别人落井，自己好扔几块石头。

世人皆醉我独醒和自以为豁达通透云淡风轻，都是病，得治。

2

《少年的你》讲了三个故事：高考＋校园霸凌＋身份不对等的纯爱。满分为 10 分的话，我会把 7 分或更高的分打给两位主演。也是因为他们的表演，让这部电影成为极少数我观影后久久难以出戏、并可以完全无视其他硬伤的作品。上一次有这种感觉，是三分之一部《无名之辈》，任素汐、章宇和潘斌龙在屋里那场戏。

人们夸赞更多的，当然是易烊千玺。我倒觉得，早在《长安十二时辰》时，四字弟弟在演技上的潜力就已初见端倪。尤其他对复杂情感的理解——李必对檀棋，李必对张小敬，小北对陈念——你很难想象，这据说是个从未谈过恋爱的 18 岁男孩。只是，人们对于流量小生转型演技派，实在太多意外和不安吧。“长安”时期，大多对易烊千玺演技的褒奖，都是适可而止又小心翼翼地。就像生怕捧早了，夸错了。所以此番“少年”大火，也是顺理成章。

反倒是“陈念”这个角色，更令人惊喜些。通常这种剧情里的大女主，很容易变成剧中施虐者口中那种“装装可怜，所有男人就都愿意保护她”的样子。所幸，26 岁的周冬雨把这个高三女生塑造得极为独特，好感满分。有那么几个桥段，我是以战战兢兢的心态，祈祷她的表演千万不要滑进烂俗青春片的巢窠里去，而她也真就没有一次让人失望——面对不靠谱的妈妈，她从不抱怨“老天为什么这么对我”，反倒在自己涕泪横流时，努力控制情绪，让妈妈安心；面对明显对自己有好感的年轻警官，她从没有表现出任何示弱，更不曾有半分示好；面对施暴者，她从不唯唯诺诺、任人宰割。这样一个真坚强、真美好，不虚伪、不矫情的姑娘，当她被伤害、被荼毒，你会愿意相信，真有那样一个少年，会不顾一切跟在身后，守着她、护着她。因为，她值得。

所以，除了周冬雨的表演，导演对所谓“美好女性”的认知与拿捏，恐怕更为功不可没。也因此，你不能不佩服曾志伟，这样一个娱乐圈老油条，他是怎样培养出一个那样美的曾宝仪，一个这样好的曾国祥。

3

至于剧情，当然有问题，尤其从“魏莱尸体惊现泥泞”开始，影片就走向了不伦不类，故弄玄虚。如果只把重点放在“中国内地高考背景下，滋生于一场校园霸凌事件的纯爱故事”，影片就可以很丰满（曾国祥真是一个比中国内地所有导演都更懂高考的香港导演）。而那些关于“融梗”“抄袭”的嫌疑，大概也就完全可以避免。这场画蛇添足的悬疑凶杀案，看似让男主为女主主动献身的剧情走向极致，却恰恰削弱了整部影片的现实性和可信度。

真正的现实是什么？是“魏莱”这样的施暴者，绝大多数会平安长大。她们会考上大学并平稳毕业，还能找到个不错的工作。因为家境优渥和自身条件，甚至有可能混得很好。当然，她们也可能嫁个籍籍无名的小职员，在不甘中挣扎几年，然后生一两个娃，平平凡凡度过一生。至于曾经做过的那些孽，她们多数会选择忘记，在同学聚会时装作什么都没发生过。她们自己的孩子也要上学，也有可能成为施暴者，或者受害者。无论如何，这样的事情，总会一代一代发生下去。反正长成大人之后，人们都会忘记，自己曾经也是少年。

而学霸陈念，大概率会凭借高分，顺顺利利上个好大学。坚强不屈的个性，会让她的未来充满更多可能性。当然，她应该还会受累于原生家庭，继续纠葛于生活的泥沼和向前的征途。她也会恋爱，并最终和一个男人走进婚姻。他可以是她的大学同窗，可以是同事，甚至可以是陌生人相亲来的。但，唯独，不可能是刘北山。

怎么可能是刘北山啊，这个十三岁之后就混迹社会，连“押题”是什么意思都不懂的街头混混。真实世界里的刘北山，命好的话，会因为自己那块棚户区的拆迁，得到点赔偿，开个手机店，做点小买卖。因为聪明善良又仗义大气，还有可能成为某个区域内颇有威信的大哥大。他当然会对陈念念念不忘很久，并且看身边任何姑娘都不如她。但最终，他会娶一个离自己不那么远的妻子，饭店老板的女儿或者自己的店员。他会一天天变胖，一天天谢顶，一天天老去。然后某天，在接孩子放学的校园门口，突然想起自己曾经默默保护过的那个女孩儿……

这场从发生起就完全不对等的爱情，只能发生在少年陈念和少年小北之间。故事的最后，是让学霸陈念因四年牢狱之灾，而与街头少年小北地位平等地相亲相爱，还是让这对因为极端事件而暂时生死相依的少年归于凡常，最终各自走向属于自己的人生之路——这两种结局，究竟哪一个更真实，哪一个更具悲剧性，还真是不好说。

4

看《少年的你》第二天，我到北京出差，借机与一个神交已久，却从未见面的同行大姐喝了杯咖啡。她三言两语说了说自己的故事：大学时代未婚先孕，顶着双方父母的反对结了婚，风风雨雨十几年。儿女双全，人近中年，丈夫赌博、出轨、欠下巨债。她带着两个孩子扛下所有债务，和那个男人一刀两断……果然人人都是江湖。真实世界里的恩怨情仇，远比戏里更精彩。

可是，谁能否认当年是真的爱过呢？真就有那么个人，可以让彼此无怨无悔，只要能够在一起。然而，人生的吊诡之处也在于此。时光会变，世界会变，人会变。初始出发的那个人，不但要一起走，还要一起变。不但变化方向要相同，频率还得一致。除了能够共进退，还要祈求各自不会再遇到新的白月光和红玫瑰，再来一次不顾一切……

真的好难。

警察郑易说：我们做不到的事，他们能，“因为他们是少年”。所以不能不承认，真正美好的爱情，都有保鲜期。如果终有一天，少年陈念和刘北山，都变成中年俞渝和李国庆，那就真是当初不如不相识，何必奢求长相守。倒不如年轻时，举凡情到深处，就一刻不等在一起。倾情投入，绝不患得患失。过后才能不存怨怼，不留遗憾。

至于已过中年之人，最应该想明白的事情是，既然谁都不是善男信女，那就踏踏实实做好饮食男女。食要精，脍要细，吃相要好看，嘴要擦干净。尤其重要的是，该离席时，起身就走，绝不恋战。人生的餐桌那么长，好饭不怕晚。

徐峥和沈腾：70 后男人的集体怀旧

如果不是同时看了《夏洛特烦恼》和《港囧》，我对它们的好感度大概都能更高一些。毕竟仅就青春怀旧来说，这两部片子比起之前那些匆匆左耳栀子花，还是多了些智慧和诚意的。再论观影效果，一直走学院派喜剧路线的沈腾和积累了很多喜剧电影功力的徐铮，此番表现都可圈可点。若说他们是将中国大陆喜剧电影推上了一个新高度，也并不为过。

但即便所有笑料和感动，都理应赢得笑声和泪水，却仍掩盖不了两部电影在立意和桥段上的太过雷同: 都经历过校园爱情, 爱的还都是女神; 都娶了并不爱的那一个，也都有说不尽的不甘心；都在经历过稀奇古怪的事情后幡然醒悟，发现原来身边那个不爱其实才是最爱……

就连那些几乎贯穿全片的老歌（两部片子甚至都用到了《倩女幽魂》），都很难不让人恍惚间忘了究竟在看哪部电影。

角色设置方面，男主角无一例外都是废物点心：夏洛（沈腾饰）是个毕业后就没怎么挣过钱的流浪歌手，成天躺在床上，“四肢都退化了”。徐来（徐峥饰）也好不到哪儿去，倒插门女婿，靠着妻家事业发迹，到头来却抱怨“我的理想是 D 罩杯，现实却是飞机场”。而他的理想是什么，画画？ NO！女神前女友说了：他画得很烂。

对于“好女人”的定义，沈腾和徐峥出奇一致：无论男人有多孬，又多么心猿意马三心二意，她们对他们永远都是死心塌地。当年玩命倒追，现在体贴入微。条件不好的，白天晚上打几份工补贴家用，天天做茴香打卤面给你吃；条件好的，一天三遍“药不能停”，提前三个月预约名医会诊，甚而至于，专门跑到法国给你买个仓库做画室。

与此同时，她们又都有着中国女人自古以来被赋予的伟大品质：隐忍。马冬梅为了夏洛，不惜和丑男人钻小树林；菠菜为了徐来，放弃做香港大学交换生的机会。而两人处理这个桥段的方式竟也如出一辙：都是很多年后通过他人之口才得知，以此成为拉回出轨浪子的最后一根救命稻草。所以在沈腾徐峥们看来，什么样的女人值得男人爱？首先是要懂付出（或者干脆说是牺牲自己）。为了心爱的男人——不管这男人值不值得爱——不但要毫无保留付出，还要默默付出，叽叽歪歪的不要，邀功请赏的不要。

再看身为女神的这个。虽然不像前些年影视剧里总会把初恋和梦中情人弄成个粗鄙妇人大胖子，但总体来说，结局也并不怎么美好（起码并不符合男主自己定义的美丽人生）。夏洛的女神其实是个谁得势就跟谁的势利鬼，不但在现实中，她最终嫁给了“一只猪”，即便在梦里成了自己老婆，她也依然不可爱。只在乎夏洛能不能挣钱，还不忘旧爱红杏出墙。而此刻的旧爱，已经变成比乞丐强不了多少的肮脏猥琐男——这得是对得不到的女人心怀怎样的恶意才能编造出的人设啊?

至于徐来的女神，虽然仍旧美丽优雅，甚至愈加优秀，却一把年纪了仍然茕茕孑立。那一墙男人照片，无疑成了男主攻击她的最有力武器。徐峥在处理女神杨伊（杜鹃饰）二十年后再见面时的反应很有意思：她略带忐忑地解释那些照片上的男人只是跟自己有交集，“并没有谈过恋爱”。而当她习惯性地取出一支烟又嘀咕着“不能抽烟”，怯生生收回去的时候，神情里竟带着一丝羞愧——是的，从纯直男徐峥的视角看来，杨伊应该感到羞愧。为抽烟羞愧，为认识那么多男人羞愧，为时至今日居然仍旧这么优秀羞愧，为她不曾为他而放弃自己，羞愧。

那种叫“玛丽苏”的病，原来不止女人会得，男人病起来更可怕。在对于女人、男人、爱情及婚姻的理解上，1972 年出生的徐峥和 1979 年出生的沈腾，给出了几乎完全一样的答案，并共同书写了一部属于 20 世纪 70 年代出生，如今已齐齐开始对抗中年危机的中国男人的心灵进化史：这是一群从老港片里走出的男人，他们听张国荣，唱“光辉岁月”；小学时跟同桌划三八线，中学被要求不许早恋，刚参加工作就被逼着相亲结婚；他们最爱的女生通常长发中分白裙娇弱，至于究竟该如何表达爱，对他们来说却是千古难题。在情窦初开时他们被禁锢了爱情，在还没有学会恋爱时他们走进了婚姻——为什么四十多岁的男人容易出轨爱找小姑娘？年轻时欠的呗。

以及。那种“得不到就得不到呗，反正总会成为烂货”的酸葡萄心理，是两部电影最为相似的气质。不止对前任和爱情，对事业也是一样。在夏洛的梦里，充满了郁郁不得志者对所谓有钱人生活的无妄幻想。在这个幻想里，只要是有钱人，就必须糜烂，必须没有爱，必须抑郁，必须艾滋病。再看徐来的生活，貌似更实际些，却也并不美好。一家人全都不靠谱，自己从来不被尊重。

当然，70 后们接受最多的教育（暗示），是女人的作用就是跟你成个家，给你生个娃，帮你养个老。从他们被允许谈恋爱开始，就被灌输“爱情终究会变为亲情”“娶什么样的老婆，最后都会变成左手握右手”之类的爱情观和家庭观。至于爱和不爱，在他们从男孩成为男人的年代，从来都不是衡量婚姻是否幸福的标准。

时至今日，作为早已掌握了主流社会话语权的 70 后，徐峥和沈腾无一例外都有极强的使命感和说教欲。他们从小被教育：世界是你们的，也是我们的，但归根结底还是你们的。那么身为过来人，我就有责任告诉你们，婚姻是什么，家庭是什么，爱情又是什么。我们是这样被教育着长大的，所以也必须这样教育后来者的你们。

但真实的情况是，已然开始谈恋爱、结婚生子的 90 后 00 后们，看电影的目的也许只是为了乐一乐。他们不但没大听过那些老歌，不明白“2046”是个什么梗，更有可能早在中学时代，就已经不认为两个谈了几年恋爱的人居然从来没接过吻，是什么美好的事。

听老歌、追忆学生时代、思考爱情与婚姻、反省爱与被爱的关系……当一个人开始怀旧，正是他意识到自己的衰老轰然降临之时。从层出不穷的青春片，到沈腾徐峥们包着喜剧外衣的家庭温情片，在 70 后男人对青春的集体缅怀里，充满了认命与不甘，自嘲与无奈，蓄势待发和强弩之末，故作清醒和执迷不悟……而伴随着这场缅怀，属于 70 后的黄金时代，已经走进历史，成为过去。

真正的爱和人性，都没有道理可讲

贾樟柯为什么一定要用赵涛做女主角?

这简直是与贾科长成名史黏合度最高的疑问之一。《江湖儿女》首映当天，就有人评论说，赵涛是贾樟柯（电影）今生乃至余生最大的败笔（大意）。尤其，你让她演小镇女青年、演清洁工、演女护士，都还可以接受，你硬说她是“模特”，就实在有点儿过分了。

其实不止《江湖儿女》。在贾樟柯几乎所有带有女性角色的电影面世后，那个不漂亮的赵涛，都会成为各种评论里永不缺席的话题。可是，看懂了《江湖儿女》，你就会明白，哪有那么多“为什么”。真正戳痛人心，让人念念不忘的爱与纠缠，恰恰说不清，道不明。

赵涛版巧巧，是我们年少时那些街头少年和大院子弟中总能见得到的姑娘。她们无论小巧或高挑，浓眉大眼或烟视媚行，身体里都有种不管不顾的飒爽劲儿。这股劲儿让她们很难成为乖乖女好学生，却大都拥有“走天下”的原始动能。在她们的少女时代，通常会穿同时代最前卫的衣裳，也敢于挑战当时当地最新鲜的职业。巧巧那一身身艳红明黄的欧根纱八分裤，代表的恰是2000年前后，中国北方小城镇里那些身体与情商发育都普遍偏快的姑娘，她们对外面世界蠢蠢欲动的向往，和不知深浅的试探。

所以，并不美的赵涛到底能不能做模特，谁关心？那年那时，巧巧就是那块土地上的最明媚靓丽也最大逆不道的存在。

当然，让巧巧们得以安身立命，扬名四方的，必然是要得到某位大哥的眷顾。这份眷顾通常来得莫名其妙，一如《江湖儿女》里的斌斌与巧巧。他们是怎样相处，如何心动，见没见过父母，有没有三姑六婆的烦恼……这些都不重要。你能看到的是，巧巧爱斌斌，爱到大庭广众下就要咬就要亲，爱到替他坐牢，爱到千山万水寻遍只为听一个说法，爱到即便遭遇背叛抛弃，却仍然接着他、护着他。

斌斌又何尝不爱巧巧？他时时刻刻带着她，人人都叫她嫂子。他和兄弟咣咣猛灌“五湖四海”，她是唯一可以推杯换盏的女人。他为她突发奇想的“想吃烧卖”，可以立刻调转车头开200公里去往另外一座城。他从未当众对她红脸，她随时随地都能直接从他嘴巴里取下烟来给自己抽……没有人知道，在2000年之前，他们发生过什么。是怎样遇见，为何相爱，又如何从乍见之欢走到相濡以沫。你唯一能感受得到的，是两个初出江湖的年轻人之间近乎老夫老妻的爱与默契。

而与之相关的种种：巧巧是怎么度过5年监狱的？斌斌和林家燕之间到底怎么回事？巧巧怎么就会想要跟那个克拉玛依小卖部老板走，又为什么最终放弃？尤其那位由徐峥扮演的小老板，一个满嘴跑火车的小人物。他莫名其妙喜欢上了巧巧，却又良心发现主动坦白。但无论刚开始是否有欺骗，当他有点紧张又有点儿渴望地紧紧抱住巧巧时，你能看到的，就只是个一心祈求温情与陪伴的，孤独的人。

还有那个被赵涛讹了钱的小官员，那个吃盒饭前要先祷告女小偷，甚至那个光着膀子一遍遍唱“有多少爱可以重来”，跪地送玫瑰花给巧巧的江湖歌手……世间多少失心人。所有人都是那个不知是否真实存在的 UFO，没有来处，不知过往。这是贾樟柯惯用的叙事手段，更是他所理解的真实人性和现实世界。

从这个角度说，五年后重逢时斌斌的那段解释就略显多余。他究竟为什么躲着巧巧，真是“身无分文，无颜见人”，或者“久负大恩反成仇”？都是，又都不是。经历过爱恨情仇的人，大都知道，有些男人，无论你问多少，哭多久，他真的有可能打死也不说。那些心动，那些亲密，那些移情别恋，那些相爱相杀……你让他说？他连自己都搞不清。

我是希望斌斌不说的。就像如果换作我，也绝对不会像巧巧那样，心心念念想要问清“为什么”。一个人，一个你满心满怀爱过、救过、帮过的人，他的绝情就是真绝情，离弃就是真离弃。他的“为什么”，说出来，又有什么意义呢？

回过头来说贾樟柯。大概从 1999 年在太原那个排练厅遇见舞蹈老师赵涛开始，就注定了他们这二十年的相依相伴。情不知所起一往而情深。无论旁人怎么说，你就是我眼里最美的巧巧，我就是你一生不能离弃的斌斌。芸芸众生里，我就只看到你的好。谁要总问为什么，大可甩他一脸白眼：管得着嘛！

流浪地球：致敬牺牲

让人类永远保持理智，确实是一件奢侈的事。

《三体》在我的个人阅读史上，绝对可以排名“最痛苦”序列之首。作为一个不折不扣的理科白痴，我经常会盯着长达四五行明明每一个都认得的中文字符，大脑却完全宕机。就算再回头反复读好几遍，却仍然搞不太清，那些汉字组合起来的天文物理与数学游戏，究竟是什么意思。

所以，观众应该感谢文学作品影视化。《流浪地球》无疑是目前国内此类电影的圭臬之作。对于它被赞“在中国电影史上有划时代的重要意义”，如我这般的普罗大众，大概也是能够接受的。

从剧本来说，刘慈欣天马行空的想象力功不可没。而他最牛的部分莫过于，几乎重新定义了已经被好莱坞定型的星球大战模式和传统

星际关系。这一次，不再是外星人入侵，也不再只是优质人类的探险，更不是几场战争或一群人的穿越。刘慈欣让地球从被动等待变成了主动奔跑，更把人类和宇宙的关系扩展到一趟长达 2500 年的漫长旅程，其中所需要讨论的个体命运、群体选择、文明更迭、代际关系，等等，无疑都是全新的。对于已经被好莱坞几十年来套路化科幻片、英雄片和灾难片败了胃口的观众来说，更是好消息。

除故事硬核外，场景、摄影、特效乃至人物塑造，《流浪地球》在今天的国产片里，都是可圈可点的存在。对中国观众来说，无论每年在大屏幕上看到洛杉矶被炸翻多少次，白宫和五角大楼如何轰隆隆一倒再倒，都不如看到变成冰窟的北京和上海来得更震撼。而故事里相继出现的“杭州”“济宁”“嘉兴”等地名，让中国观影者感同身受地意识到：这一次，真的是，我们了。

开篇 5 分钟的节奏感略差（大概是原著背景过于宏大，需要一定篇幅的解释和铺垫），整部影片越往后越引人入胜。几处煽情很有节制，人物塑造多而不乱，且各具记忆点。几位年轻演员的表演中规中矩（男主屈楚萧韩范儿十足，很有观众缘）。吴京式台词虽然还是免不了大舌头，但胜在有关他的剧情相对简单，表演难度不大，完成度也不错。只因为他，电影就被打一星，还是挺冤的。

观影之前，看到网上反对的声音，是把影片“宣扬集体主义价值观”作为主攻对象。观影后的个人感受是，全片所有情节和人物设置，体现的都是最当代的普世价值啊（甚至可以说是最好莱坞的主流价值观）：要勇敢善良，要懂得爱人与自爱，要有协作精神，要对未来充满希望……

而影片中表现最多的精神，是“勇于牺牲”。这真是一部充满了“牺牲”的电影：为救姥爷牺牲的刚子、为救后辈牺牲自己的姥爷、为成全刘培强牺牲的老马、为救朵朵牺牲的王磊、为救大家牺牲的老何、为救地球牺牲的刘培强……甚至那个总是二不拉几又有点贪生怕死的混血儿蒂姆，为了救男主角刘启，也有过几次差点儿牺牲自己的壮举。还有，那无数双把婴儿韩朵朵推到韩子昂眼前的手，“那水下的每一个人”……

所有这些主动选择牺牲自我的个体，全都有理有据：为亲人，为朋友，为战友，为陌生人，为人类，为大义……怎么会有人认为这些牺牲都是唱高调呢？这与《拯救大兵瑞恩》里为了一个战士而主动牺牲自己的特战队员们的选择并无二致，与《血战钢锯岭》里为了抢救每一个生命个体而完全无畏牺牲自己的军医道斯并无二致啊。

中文里，“牺牲”作动词用时，是指“因为坚持信仰，或为了正义目的而舍弃自己的生命或利益”。作为一个看起来明显褒义的词语，人们在衡量它的价值时所采用的标准却最为计较：为了梦想牺牲生命，值不值得？为了他人牺牲自己，值不值得？为了信仰牺牲人生，值不值得？而所有这些关于“牺牲精神”的计较与考量，最终换来的，不过是对坚守者的口诛笔伐，对特立独行者的横见侧目。

事实上，“牺牲精神”并不是人类独有。据说成年蚂蚁在遭遇大火时会抱成一团，将幼蚁包裹其中，一起向火场外滚，以此换来更多幼蚁的生路。如果说，蚂蚁的牺牲是出于繁衍本能，那么人类对“牺牲”的价值考量，恰恰彰显出主动牺牲者的可贵。那种“知其不可为而为之”的牺牲精神，才是“人”之所以优于其他生物的华彩所在。

有人在评价《哈利·波特》时，认为作者的伟大之处在于不止为全世界贡献了一个前所未有的魔法世界，更通过几乎每一部都有一个以上角色的死亡，告诉所有孩子：世界不止有美好，也有丑陋；战争不止有胜利，更会有死亡；阳光与暗黑，是永远共存于世的两面。而英雄，远远不是戴上面具就能所向披靡、刀枪不入。牺牲精神，是人类从蒙昧前往文明的漫漫长路中，不可缺少的部分。

在青岛，有一位名叫郭川的航海人，在最后一次环球航海中失踪。我原本以为，他为了理想不惜牺牲自己，绝对可以算是和平年代的英雄，却不料很多人认为，郭川犯了“个人英雄主义”，说他只顾自己不顾妻儿，说他没事瞎跑闲得蛋疼，所谓“牺牲”完全不值得……这很难不让人陷入疑惑：关于理想，究竟是该不顾一切追求，还是要先问结果再考量付出？关于英雄主义，究竟要不要提倡见义勇为，救死扶伤？善良的人们在面对他人危难时，到底该奋力一搏，还是该先考虑自保，纠结得失？

《流浪地球》上映后，很多人用来“倒刘”的证据，是那场关于“吃人”的辩论。姑且不论这个故事的真实性，也不点评孰是孰非，单说这个论题在预设时的上帝视角，其实就有问题：是谁决定了谁吃人、谁被吃？又是谁决定了，该牺牲谁，该成全谁？人们热衷于讨论刘慈欣和江晓原的立场，却从来没人问过那个可能被吃掉的美女主持人的态度：如果牺牲自己一个，就能拯救全人类，她会如何选择？

看完《流浪地球》后，我突然想起这个故事，并认真思考了那个问题，结论是：大概我会选择愿意的吧。

到处都过着美好的日子

晚上打车，司机正听深夜热线，主持人 M。

男：老师我现在很郁闷。离婚两年了，我前妻就是不肯给孩子抚养费。
M：什么理由呢？她是不是没有收入？还是……
男：她说，孩子不是我的。
（听众肖瑶很阴暗：呦，老听男人负女人的故事，这回可好……）
男：我离婚那个星期，我弟弟结婚了。
M：啊？（我似乎听见他心里的嘀咕：拜托您有点儿逻辑好吗？）
男：我找前妻要钱，她就是不给。
M：……
男：实在被我逼急了，她让我跟我弟要去……

一直绷着笑的我，和始终面无表情的司机师傅，终于忍不住一起呵呵呵。很不善良的样子。

所以过了这么多年，深夜热线还是很有市场。这世上最好的剧本，也不比我们真实的生活更荒诞。汪峰和章子怡的故事，错只错在他们都是公众人物。擅用射灯照别人的世人，虽乐于用狗血娱乐寡淡生活，对太过激越的情节，却仍是本能反感。只是他们不知，但凡男女之事，能衡量对错的只有当事双方。那些掰扯前任前妻、仨女儿仨妈、甚而为现任女主抱不平的人，还真理解不了“国际章”是怎么练成的。

前几日受邀，参加前公司成立十五周年庆典。这才惊觉：如此算来，我到青岛也有整整十五年了。忽忆很多年前，有姑娘灯下写我：“一个女人，孤身在外，不是名校毕业，单枪匹马。或许有点钱，或许有点爱，这样的情况下对自己的要求是光洁从容，优雅端庄。事业有点小成，生活有点优越，内心有点丰富，修养有点高雅。听起来多少有点高难度。如果不是这样要求，她也会是安的。话又转回，如果不是这样要求，她又怎会有今日之她？”

那时候，她对我的评价是：急躁、迷惘、不舒展，以及不安。

十多年过去，我与这姑娘各自过着时而狼狈，倒还不至于不堪的生活，也旁观着对方一路的颠簸泼洒，鸡零狗碎。当年她说：“只盼望她，前行路上还记得，这样不安的目标，原本是为了安的。”我却知自己，如今仍会不安，害怕孤单，害怕失去，害怕得不到爱和拥抱，害怕背叛，害怕老，甚至因为害怕被人指责矫情，很少再写心情文章。

老版英剧《福尔摩斯探案集》里有一个故事叫《单身骑车人》。结局时，女主终于摆脱了恶人纠缠，男主也如愿守住了自家庄园，并与女主幸福地生活在一起。就连家里的马儿也医好了腿伤，可以扬蹄奔跑了。

“到处都过着美好的日子”，善良的华生一脸欢天喜地。福尔摩斯却只是笑了笑，心里大概对老友充满了一如既往的不屑和同情：到处都过着美好的日子，你让我这个靠破解谜案才能活下去的神探怎么办？腹黑如他，当然不会相信这个世界是美好的。但福尔摩斯所以能成为世界文学史上最伟大的侦探之一，恰是因为他即便对生之无谓和活之无趣洞若观火，却仍愿孜孜不倦地奉献智慧，只为正义总能得以伸张，世人不被黑暗吞没。

这世上的大智慧者，对人生的观感大多消极甚至悲观。钱钟书认为，所谓“永远快乐”，不但渺茫得不能实现，并且荒谬得不能成立，“正好像说‘四方的圆形’‘静止的动作’是同样的自相矛盾”。而林语堂说，在很大程度上，人生仅仅是一场闹剧，“有时最好站在一旁，笑而观之，这比一味介入要强得多”。

红尘千万事，终了总归无。做想做的人，不做不愿做的事；爱可爱的人，远离该远离的事。生之可贵也许并不在岁月静什么好，现世安什么稳。而是拥有一颗即便受伤却永远蠢动，即便失败却永远勇敢，即便历尽磨难，却仍相信“到处都过着美好日子”的赤子之心。

谁有资格同情黄圣依

至今我仍然记得，很多年前在电影里看见她时，心中的赞叹。

她瘦瘦的。身体瘦，脸也瘦。面色苍白，嘴唇却红而丰润。神情总是有点儿小迷茫，却又带点儿小倔强。

看着她，我第一次知道，原来女孩子穿男士衬衫，白色的，把肥肥大大的袖口全数卷到手肘以上，露出又细又长的小臂和手——这幅画面，竟有那么摄人心魄的性感和美。

那是二十二岁的黄圣依，《功夫》。

后来，我当然没有成为她的粉丝。无论是在我这样一个普通观者眼中，还是在波谲云诡的中国娱乐圈，即便经历了与周星驰的矛盾，以及与杨子狗拉羊肠般的纠葛，她都算不上最亮眼。尤其与后者的关系，让她的形象多多少少看上去有点怪异。人们来不及评价她的演技，甚至绯闻都显得那么无趣——从来是杨子；一直是杨子；怎么还是杨子？

在一个娱乐节目里，记者问黄圣依：觉不觉得杨子欠你一个婚礼——与此相似的问题其实还有“觉不觉得杨子欠你一个名分”“觉不觉得自己很委屈”……她十年如一日的，统统不回答。

与之相比，故事男主杨子的表现就显得既鸡贼又滑稽。先不论那些半遮半掩，语焉不详，单看他加在黄圣依身上的评价：她有担当，她很难得，她忍辱负重……一句话，这是个为了我牺牲一切的女人。她是受害者，她让我感动，她值得你们所有还在议论她的人同情。

可是你若仔细看黄圣依的履历，就会发现她不仅仅是个活在男人背后的女人：从演员、歌手、到制片人、商人、影视公司执行总裁。她拍的片子，有被中国国家博物馆永久收藏的，也有得过全球票房榜周冠军的；她先后发行过三张个人专辑；参加真人秀，无论“海娃死了”还是“超人妈妈”，不管表现如何，不能不承认的是，她总能成为被关注的那一个。

你当然可以说，这还不都是靠了杨子做后台，但你却不得不承认，如今的黄姑娘，有事业，有结婚证，有儿子，也有着生了跟没生一样的瘦且美。更不论私底下，大概该给的都给了，想有的也从来不缺。那高深莫测的“一个承诺”，怎比得上一位普通上海小妞儿堪称完美的人生？

时间来到 2020 年夏天，“乘风破浪的姐姐”横空出世，这其中也包括黄圣依。无论是拖着八个箱子参加节目，还是首秀时惊艳全场的奢华礼服，人们发现，无论有多少争议甚至指摘，已经在一定程度上睽违娱乐圈很久的黄圣依仍然是光彩照人且自得其乐的。更不用说，第一轮被淘汰的许飞，更把“拍照片最多的对象”给了黄圣依，因为“你曾经陪伴我半个青春生命”……

这样一个有财有貌，曾是万千人心中的“白月光”，如今还极有可能在真实生活里蛮招人喜欢的女人，她所真心在意或有必要纠结的，又岂是吃瓜群众眼中异常重要的那一个名分、一场婚礼或者一颗无名指上的鸽子蛋？

为女子必是受害者，为女子必要隐忍，为女子必须为夫家各种不值一驳的理由，舍弃自己的尊严、生活，乃至未来——中国的娱乐记者，以及直男癌重度患者杨子，在很多事情上的立场以及理解，真真古旧腐烂到可以打回 20 世纪 30 年代的末流小报里去。

男人和女人走进婚姻的原因有很多，可以因为爱，可以因为钱，可以因为你能给我生儿子，也可以因为你能带给我更好的未来。就像黄圣依，她与杨子的十多年，也许是为豪门，也许是为财富，更也许就是为了爱——即便眼光欠奉，但她就是爱杨子这个人，也未必不是真的——独独不可否认的是，在这段关系里，她从未与杨子以外的任何男人有过绯闻，她也已然得到了想要的一切。她的长期缄默，让她从未落人口实，甚至成功化身弱者……谁有资格同情她？

张大嘴

火不过三天的赵雷，很快因为《三十岁的女人》的歌词，成为众矢之的。 一个小屁孩儿少不更事时的几行字，成了他不尊重女性、“直男癌”的罪证。

网络上最早关于《三十岁的女人》的痕迹，是 2011 年豆瓣上有人贴的歌词。彼时，赵雷 25 岁。也就是说，这首歌的创作时间有可能更早。所以，在一个二十刚出头的毛头小伙儿心中，认为三十岁的女人“光芒和激情已被岁月打磨……”，是多正常的事儿啊。毕竟，在 00 后眼中，90 后女人都已经是“老阿姨”了呢。

这世上最无法更正的事，就是我们在每一个年龄段的当下，都恐惧和误解着早晚都要到来的下一个（或几个）年龄段。十七八岁时，我为二十五六岁还没结婚的表姐操心，觉得自己要是那个年纪还不婚，简直就是人间惨剧；到了二十四五岁，我又开始担心三十岁的来临，觉得那些三字打头的男人女人们，简直又老又呆又迂腐，自己真活到那个年纪该有多绝望！

直到自己真的过了三十岁，从里到外都还把自己当成个小姑娘，觉得还有很多事没做，还有很多机会在未来……我才终于意识到，那些曾被我侧目和同情的“老人们”，大概也嘲笑过我的幼稚可笑和不知所谓吧。值得庆幸的是，想通这些事情的三十岁之后，我再也没有惧怕过四十岁，也再没有莫名其妙同情过任何岁数比我大的人。“谁没年轻过，可你老过吗？”“我还有机会去老，可你有机会再年轻吗？”——人们关于年龄的争权夺势永远也不会终止。不真正经历，不确实到达，谁都认识不到自己曾经的愚蠢可笑。

经历了此番排揎的赵雷，也是如我当年般的年轻人吧。等到看过了如今各种年过四十都还苗条靓丽的女人，他大概也早就明白自己曾经的描述和理解，确有自以为是之嫌吧。所有那些引发争议的歌词，说到底，也不过是这个当时还太过年轻的小歌手，对自己并不丰富的人生阅历和并不高深的人生感悟，最为普通和正常地表达。

当然，如果仅说年龄，作家黄佟佟的解读也有道理。她把赵雷《三十岁的女人》和李宗盛《给所有单身女人》的歌词比出了你高我低。《给所有单身女人》收录于《1984—1989 李宗盛作品集》。算起来，1958 年出生的李宗盛在写歌词时，最大不会超过 31 岁，更有可能也只是个二十多岁的愣小子。可是，“基本上，李大师对单身女人的评价是正面的，而赵雷对单身女人的评价是负面的”“李大师也说了单身女人的寂寞，但他的态度基本是正面的鼓励的”，而“赵雷对女性的态度非常不友善”……

可这恰恰就是天才与凡夫的差别啊。号称“几首歌就写尽整个儿人生”“一代最懂女人心的乐坛教父”的李宗盛，又岂是浪得虚名？姑且不论未来的赵雷到底能不能与李宗盛比肩，至少从目前他的表现看来，除了惊为天人的《画》，以及传唱度很高的《南方姑娘》，无论填词作曲，他都还有很大的提升空间。但不能不承认，作为一位民谣歌手，他的原创精神和默默坚守，还有那些没红之前就忠心追随的大量粉丝，都已经证明了其价值所在。

然而，很显然不是所有评价都是基于一位歌手作品的水平。如今赵雷所遭受的，大多是音乐之外莫须有的指控：女权敌人、直男狭隘、偏底层男性……早知道要经历这些，估计他会希望自己仍然做个安静唱歌的小众歌手吧，至少安全些。

作家雾满拦江讲过一个“张大嘴”的故事。说有一位女麻醉师，每次在做术后复苏时，都会对着病人轻声低唤：来，张大嘴，深呼吸……来，张大嘴，深呼吸……直到患者在这温柔沉静的呼唤声中慢慢恢复意识，她的工作才算结束。

按理说，这是个多么善良美好的麻醉师呢，她却被一位女患者给投诉了。原来这位张姓病人老是觉得自己嘴巴长得太大，所以对“张大嘴”三个字特别敏感。她在手术中醒来，眼见一位美丽的麻醉师对着她叫“张大嘴”，感到遭受了奇耻大辱，当即怒了。委屈的女麻醉师此后叫醒病人时，再也不敢说“张大嘴”，改口为“张开嘴”……

强者温静如水，弱者易怒如虎。所有玻璃心地过度解读，都源于不自信。事实上，从来就没把这事儿当成个事儿，才是最正确的朋友圈打开方式。

没有缺口的人

电视剧选无可选的时候，网综成了消磨时间的首选。据说影视寒冬之下，明星演员们最好的出路，就是去各种真人秀里上天入地，谈情说爱。观众们，有的看热闹，有的看人性，还有人看百态市井。

1

新一季《奇葩说》，第一场第一个出战的许吉如，实在惊艳到我。声音好听，吐字清晰，气质如兰，不疾不徐。人也美，在《奇葩说》这种奇形怪状扎堆的舞台上，尤其亮眼。难怪木讷温和的薛兆丰那么不掩饰自己对她的偏爱和器重。但是，当另一位导师罗振宇违反节目规则，把自己的“免死牌”送给许吉如时，我心里立刻一咯噔：坏了。

这样一个美而自知的姑娘，还恰恰不是个花瓶，哈佛学霸人设，有思想有追求，台下与队员的互动也能看出，生活中的她应该还蛮招人喜欢……所有这些优势，在条条戳中成熟中年直男死穴的同时，当然也会成为被一部分观众嫌弃挑剔的原罪。许吉如落败这场，她的表现的确差强人意，然而“众女嫉余之蛾眉兮”，没有理由。可以想见，她未来追求自我理想（做记者和主持人）的路，一定也是资源与困境相伴丛生。所谓“经得起多少诋毁，担得起多少赞美”，反之亦成立。

美人自古多幸运也多磨折，这世间人情严酷也公平。希望她好。

2

《乐队的夏天》，最遗憾的当然是“九连真人”。如果说，有哪个乐队演出，是我每看一场，都要目瞪口呆从头傻到尾的，三十一支乐队里，大概也只有他们。相比“新裤子”的纯熟完美，“九连真人”的生机勃勃少年气，无畏无惧粗粝感，都是任何一个成年人都刻意拗不回的曾经。阿龙像个小妖精，阿麦就是小小班主任，憨厚又多情。他们是《女朋友·男朋友》里的张孝全、凤小岳，也是《风柜来的人》里的钮承泽。谁又能想到，那些词曲编排、舞台呈现，以及对社会、对人性的深度关注和敏锐质问，是出自那样一个听都没听说过的广东小城？

乐评人耳帝在盘点“乐夏”十个最感人瞬间时，选了九连真人的开场曲《莫欺少年穷》。我印象最深的，却是有点儿莫名其妙的赛制之后，莫名其妙被踢出局的两个年轻人一脸懵的样子，还有阿龙不自觉捏着沙发垫一角的左手……委屈是真的，但，少年不可欺，未来犹可追。

3

因为“步步紧逼、贴身拍摄”的制作方式，明星们在真人秀中被无限放大“本性”，“要演戏，先做人”的祖训再次成为真理。遥想当年某退赛男歌星，一直走的都是“参加一次真人秀就失掉大批粉丝”的奇葩路线。群众的眼睛都是雪亮的，镜头前的群像参与者越多，人品高低越鲜明。人们越是对现实不满，对人性失望，就越是对公众人物有着全方位完美的需求。所以“清华男”李健成了很多人的男神，黄教主则凭借各种金句火出了圈。

没有人是零缺点。每个人的一生，都缺口丛生。但“人非圣贤，孰能无过”只能来自他人的善意理解，却不能成为对自我的无妄宽容。譬如爱情里的所谓“受伤”，也不过是因为你把自己放进去、展开来，让自己的在意变成软弱、软弱变成缺口。所以，即便被伤害，也没什么可埋怨。你暴露了你的缺口，你没有保护好自己，你活该。

做一个没有缺口的人，并不一定要品格完美，无懈可击。但至少要尝试做到，不爱那个不该爱的人，不动那些无可无不可的怒，不触碰明知后果严重的未知，不挑战大众约定俗成的底线。有缺口不可怕，可怕的是以此为借口为自己开脱。须知这世上，有些错误不可挽回，有些任性不能原谅。

4

《乐队的夏天》总决赛的末尾，朴树借口“年纪大了，需要回家睡觉”，公然提前离场。从节目制作角度讲，貌似是个不小的“缺口”。然而第二天，绝大多数评论却对这位“永远都是少年”的中年男人给予了最大的宽容，大家都在羡慕甚至赞赏他：“终于可以不用委屈自己了。”

做一个“没有缺口”的明星，简单也不简单：专业过硬、诚实守信、与人为善、性格圆融。对于朴树来说，支撑他“少年人设”并让人们选择性忽视他“缺口”的，大概率还是因为才华。而那些既无过硬能力加身，又没有准备好掩藏和修复自己缺口的明星，参加真人秀，就该慎之又慎吧。

每个福尔摩斯都需要一个华生

华生永远都想不通，福尔摩斯怎么能不睡觉。凌晨四点还在口吐莲花，早上六点就目光炯炯。还要讨厌地站在床前戳手杖：快起来快起来，限你五分钟内下楼！

其实，福尔摩斯也搞不明白，华生为什么总是想吃东西——当然，那一定是在他们已经错过午餐很久以后。

天才与平凡之间的差别，往往体现得很家常：天才普遍少睡眠，专注起来可以长时间不眠不休，天地皆无。而平常人，什么事儿能大过饿了要吃，困了要睡？

有趣的是，古今中外的剧作中，几乎所有天才身边，都有那么个智商堪忧的角色：华生与福尔摩斯厮混了那么久，直到最后仍看不出哪怕读者都已一目了然的线索（当然，柯南·道尔在《归来记》之后的江郎才尽，是导致后期《福尔摩斯探案集》胡编乱造、案情雷同的罪魁祸首）；黑斯廷斯无论对波罗多么忠诚，依然无法阻挡每每他一脸迷茫时，大侦探送来的大白眼；《生活大爆炸》中，由于全剧智商起点过高，所以在谢尔顿眼中，物理学家莱纳尔德只能算是个弱智小侏儒；对狄仁杰来说，李元芳除了拳脚不错，与他的交流仅限一种：“元芳，你怎么看”“大人，此事必有蹊跷……”

这世间，智力超群的人原本就是少数，就像白痴占比也不多。公平之处在于，陪伴在天才身边的那些所谓平庸之辈，情商却往往不低。他们大都深谙人事，懂得看人眼色，明白社会规则；他们生性淳厚、心地善良，知道在人伤心的时候给予同情，遇到权贵时适当放低姿态；他们都打心底里喜欢女人，尤其美人儿。人群中最亮的那朵花总能被他们一眼瞅见并适当表达赞美。以及，他们中的大多数人，最后都过上了普通人的幸福生活：华生娶了玛丽，莱纳尔德遇见了潘妮，黑斯廷斯婚后干脆扔掉波罗跑到阿根廷享福去了。

天才却不同。除了狄仁杰勉强还算个官场达人，一生命运也属多舛。他们无一例外性情古怪，嘴巴刻毒，多数洁癖，全体强迫症，在人情世故上更是像个孩子。神探伽利略和福尔摩斯一样讨厌与他人肢体接触，一样深度恐孩（女）症。也正因如此，《生活大爆炸》就显出它特别的温情。连谢尔顿都娶到了亲爱的艾米，“孤独终老”终于不再是天才的宿命。

这样两种看起来全无共同点的人，居然能孟不离焦，焦不离孟，靠的当然是深入骨髓的相互认可：人人都说天才情商低，其实谢尔顿对于女友艾米想要亲近的要求从来心知肚明；福尔摩斯也永远都能比华生更早意识到事主的情绪与疑虑。之所以看起来在人事方面混沌迷糊，无非是不屑在他们认为琐碎的事情上花心思。对于女人，天才往往更喜欢能与他们心灵交流甚至旗鼓相当的。胸大无脑傻白甜，柴米油盐家长里短，可怕，不要。

与其相应的，除了华生，有谁能在福尔摩斯大肆诋毁他的文章写得实在不合逻辑之后，仍然勤勤恳恳帮他树碑立传？除了莱纳尔德，又有谁能忍受与谢尔顿这样的怪物同居七八年？

天才和平凡人，很像是人生的 A、B 面。有的人 A 面强大，于是更聪明也更纠结；有些人 B 面宽阔，所以更普通也更安稳。让平凡人成为天才很难，天赋异禀毕竟少见；让天才屈就为平常人，对敏感骄傲的他们来说，足以致命。因此，计算机科学之父图灵在被迫接受同性恋治疗之后，才会选择以 41 岁的大好年华撒手人寰——如果这个世界糟糕到无法容忍优秀与独特，我又为什么要容忍你们？

所以，每一个福尔摩斯都需要一个华生。后者能永远无条件原谅他的刻薄，并随时将他拉回人间，不致太过孤独。却不是每个平凡人都需要一个天才，供他膜拜，听其使唤。这大概就是为什么大多数天才最后都很难善终，平凡人儿却更有可能幸福一生的原因吧。

十八春

我这么自我 / 不多不少疏忽之中出错 / 谁人路过 / 仍然愿意 / 跟你一起度过 / 谁待我不错 / 差不多迷失了在路旁 / 其实我刻意 / 留守到最后 / 遇上你经过

——林保怡、陈洁仪《不知不觉》

1

有一年他参加深圳卫视《年代秀》节目，主持人问：新的一年，生活最大的变化是什么？他顿了一下，说：找我拍电影的比拍电视剧的多了。

有些心酸。算一算，到那年 9 月，他就整 50 岁了。

2

再往前好些年，他到青岛拍《珠光宝气》。在外采访的同事专门打电话回报社，说瑶啊，去看看他吧，能近距离接触哦……想都没想就拒绝了。

当时觉得自己很拽，必然不屑于做那种不顾一切追星的粉丝。要再年长一些，才肯承认，不过是毫无自信的近乡情怯罢了。

3

第一次看到他，是在港剧《壹号皇庭》里。彼时，TVB 律政剧风气正盛，一群正义警察和优质法官里，他演了个大反派。眼神阴郁，心狠手辣。

却一眼就呆了。

4

就是那一年，我大学毕业。一身伤痕一身累。他像极了大学里那位师兄。之后就是十八年。按 TVB 的话说：人生多少个十八年。

倏地一下，就过来了。

5

微博时代，他是我关注的唯一一个演员，却也只是看着，不说话。

很多年过去，当90后同事已经不知道徐小凤、孟庭苇，也从未看过《肖申克的救赎》，我眼见着他的粉丝量和留言数，越来越少。

6

他始终没大火过，即便得过视帝。老剧迷们呼声最高的那部《金枝欲孽》，我一眼都没看。也是从那时起，对所有宫斗剧一概屏蔽。谁又能想到，观众们对后宫里的钩心斗角厚黑排揎，一热就是好多年。

演过医生，还有很多警察，一概TVB风格：义薄云天，鸡零狗碎。虽然基本都是主角，却又总是面目统一。一个剧和另一个剧，这个角色和那个角色。好不容易，TVB以正当时风头正劲的“微表情”为噱头，以他为主演推出《读心神探》。两集没看完，失望透顶。

那时候的TVB，已然江河日下。

7

有一年，师兄来青岛。我告诉他有个演员很像他。他很吃惊：像吗？我哪儿有人家那么帅。呵呵，呵呵。

其实，师兄比他帅。不过我没说。

面对旧时暗恋他的小师妹，除了心不在焉，他能做的，大概也就只是呵呵，呵呵。

人与人的爱或不爱，很多时候在相遇的第一刻就已注定。无论日子过去多久，无论你修成什么精，曾经多撕裂。

8

《壹号皇庭》之后，他不再演反派。《鉴证实录》《妙手仁心》《珠光宝气》，一水儿的表面玩世不恭，其实情深义重。尤其《珠光宝气》里的高长胜，简直囊括了我对男人的所有想象：聪明、沉默、举重若轻、亦正亦邪。

我始终很好奇，究竟是角色要求，还是他本身就这样。他成就了角色。

可是，我最爱的形象，却是他穿姜黄色衬衫，双手插在裤兜里，斜斜站着，两条肥大的袖子全部卷到手肘以上，领带末梢塞进衬衣。

那个角色名叫陈滔滔，一个在他的个人履历里几乎不会被人提及的角色，《大时代》里的小配角。

那副双手插兜，斜斜站着的样子，却是十八年里，他在我脑海里唯一的影像。

9

可是，陈滔滔实在太过微茫。微茫到大结局时，为给男主刘青云传递消息，他被安排突然冲出来，急急忙忙说完一句连接剧情的台词，又立刻眼神游移地匆匆退下。一个相当莫名其妙的路人甲。TVB 剧在某些细节上的粗制滥造，其实从始至终。

在那个光怪陆离的演艺圈里，他好像也始终都是个游离在外的路人甲。每当和人聊起喜欢的演员，听到他的名字，绝大多数反应是“从未听说”，也有人问：“是个女的？”或者：“好像……是个同性恋？”

这样的反应，从我第一次知道他，直到现在。

10

虽然对吴宇森的知遇之情心怀感激，综艺节目的现场，他却是在主持人再三提示之下，才说起自己刚刚参与了一部“史诗级大片”。从剧里到外宣，他的角色都被称为“宋慧乔的表哥”。

然后，他说，很高兴，“现在找我拍电影的比较多了”。

11

就在同一天，央视电影频道播了一部主旋律电视剧，他出演大陆某地的一位检察官。直到片尾出字幕时，我才意识到，是因为看到他的脸，我才坚持着把这部片子给看完了。可是，他演得好不好，我却完全不记得了。

我似乎从来没有注意过他的戏到底好不好。就像看起来他是真的老了，我却从来没注意过他年轻时什么样，是什么时候老的，怎么老的。

转眼就是十八年。

12

我从来没问过自己究竟为什么喜欢他。是因为他与师兄的神似，还是他本来就长了张我喜欢的脸。抑或是如传说中那样，他孝顺，善良，不争不抢。也热衷公益，却从不多说。

也许我真就是个三心二意的粉丝。从不关心他到底火不火、有没有绯闻、是不是同性恋；偶尔才会猜想一下，出道这么多年，他追求的到底是什么，又是如何走过从三十而立到年近半百这十八年；也偶尔才奇怪一下，他为什么总是接一些莫名其妙的戏。

甚至，就算有一天他突然消失了，大概我也只会在心里叹一声：哦？哎呀！

13

前一年，齐秦到青岛开跨年演唱会。快结束时，身边朋友突然说：“怪了，以前我能一动不动站在那儿听他唱完整场。怎么今天从头到尾，都有点儿心不在焉？”

我们都是拼命奔波在岁月里的人，岁月却把我们远远甩在身后。那些因为一张脸、一首歌、一段旋律、一次对视……激动到半夜的日子，早已一去不返。

而那个被齐秦的歌填满心胸的早晨，以及被穿姜黄色衬衫，斜斜站着的林保怡惊呆的黄昏，也都已经远远抛下我们，一去不返了。

14

可是，那些曾经爱过的人，曾经专过的情，那曾经的不离不弃，一个又一个的十八年……青春不可更改，深爱覆水难收。有过就是有过。不悔、不怨、不痴、不缠。谁也追不回，谁都夺不走。

15

然后，就在这个月，我在抖音里莫名其妙刷到他。知道他不仅没有消失，反而有新戏要开播。想都没想，就在视频平台上充了值。等着看。

他没有消失。在陪我度过一个十八年，以及之后的若干年。也还是那个不怎么红，亦正亦邪，笑起来有些坏的男人。会认真回复抖音上的几乎所有留言。身边还是那条哈士奇，养了十几年，样子仍然很蠢。他给它剪指甲，它伸爪揍他。

新片名叫《叹息桥》。他不止主演，还监制。不带粉丝滤镜地评价，是港剧近几年的巅峰之作。比同期播出，呼声颇高的《法证先锋 4》不知强多少倍。

虽然，仍是小众、不火。但我很安心。

还有什么比眼看着喜欢的人一直在变好，更让人心安的事呢？

冬。

去过的地方越多，

越知道自己想回到什么地方去。

生活的破损

洗碗，还真没怎么使劲，咔吧一声，不锈钢汤勺的把儿就掉了。是接口处的螺丝拦腰断掉，修都没法修。

这只汤勺跟其他四件厨具本是一套，结婚时朋友送的。送礼物的人不经意地选择，却正好跟我家整体厨房的色调一致，都是很鲜亮的橙红，说不出的协调。所以我一直很喜欢这套厨具，用了五六年。这会儿突然坏了把勺儿，特别遗憾了一阵子。

可是仔细想想，刚结婚时张罗的那个崭新的家，如今已经破损和正在破损的东西，又岂止一只汤勺。请人打造的月白色书橱，以为已经足够结实足够宽大，才四年多，就眼睁睁看它弯了身子，橱门都被压得没法关紧；沙发选了最厚实软和的一款，好些朋友到我家，都会不由自主躺在上面眯上一觉。一年前，突然发现扶手拐角处的绒布磨出了白，橘色沙发套也无论如何洗不出当初的鲜亮。只好换了块米色格子沙发垫，看上去才不那么旧了。

为了照顾我的睡眠，卧室窗帘专门衬了遮光布。头几年，关上门拉上帘儿，屋子里还真是漆黑一片。最近这一年，我经常会很早就被光线弄醒，仔细一看，原来遮光布的功效早已大打折扣，充其量只是块普通漏光的塑料布……

突然明白，为什么在我关于童年的记忆里，总有父母为家里某个物件忙碌的场景。一会儿五斗橱门坏了，一会儿书桌上盖着的玻璃板碎了，一会儿洗手间的水龙头又关不住了。住平房的那些年，印象最深的是我家卧室房顶的某个角儿，无论怎么修缮，一直都是坏的。每当下雨天，那块房顶就会漏水。好些个大雨的深夜，全家人被巨大的响声惊醒，亮灯一看，地上正摊着一大坨从那个地方掉下来的，和着草的泥团。

所以，无论多么结实的器具，多么坚固的房屋，最终都是会破损的吧。人人无知无觉地过活，只有当那些明明白白的破损出现在眼前时，才会突然意识到，我们的身体、生命，也正是在这些肉眼不见与可见的破损和老化里，一天天朽去、老去。都说岁月无痕，岁月又怎么可能无痕？那些痕迹，分明无误地留在一片片掉落的墙皮上，一只只烧坏的灯管里；爬上一个个光洁的额头，一双双善睐的明眸……

没有用不坏的炒勺，没有青春永驻的神话。一个家庭的生生不息，还能通过对老旧的修复以及更新，得以实现。一个人的破损和老去，却从来都无法阻止，难以修复。

就像那个漏雨的屋角。一天天，一年年，任你如何修葺，缺口总在增大，坏损从不停息。突然有一个深夜，你在巨响与心悸中醒来，岁月已经在窸窣的雨声和黏着杂草的泥泞中，轰然逝去。

扔 掉

去过的地方越多，越知道自己想回到什么地方去。见过的人越多，越知道自己真正想待在什么人身边。

端午假期，起了个大早。一为大扫除，二为趁着家里那位还在睡觉，抓紧时间进行我蓄谋已久的“扔掉计划”。

不知你身边是否有这样的人：所有经过手的东西，都有收藏价值。暖气片夹缝里藏着N年前的《体坛周报》，那是青春，是回忆，不能扔；喝完的酸奶盒、吃光的辣酱瓶罐、空的饮料瓶、易拉罐……一个个洗净晾干，塞满所有壁橱，不能扔；买菜的塑料袋、手提纸袋，大的小的、好的破的、美的丑的，统统留着，不能扔；甚至超市票据、交水电费的凭证、已经过期的彩票，管你是昨天的还是去年的，都有可能在书桌的某个旮旯里找到藏身之处，不能扔……

小时候，我爹和我娘在大扫除时常会斗嘴，很大一部分原因就是扔东西。

万万没想到，时至今日，那种我爹把我娘扔进垃圾桶的东西，统统检查一遍，再一个个把他认为不该扔的东西捡回来的搞笑事，分毫不差地在我身上重演了！

有人说，人家挺不错的啦，至少是洗得干干净净放那儿呢！

可是请问，放那儿，是能孵出新酸奶，还是能变出个田螺姑娘做饭吃？除了招灰占地儿惹人嫌，有哪怕一点点作用和意义吗？

当然，最大的悲哀还是我自己。这边对人家的生活习惯指指摘摘，那边作为一名无可救药的“本控”“笔控”“盒子控”“杯子控”……家里类似好看却“千年无一用”的东西，简直多到爆。而每一个季节之交，我也都会像我娘当年一样，把一堆这一季从未穿过的衣服，洗净晾干，重新压入箱底。不出意外的话，这个过程，下一季还会循环。

中国人从小接受的教育就是要节约。好吃的要藏到最后才吃，好东西要小心细致地用。衣服要缝缝补补，新三年、旧三年、再三年。甚至到这件衣服再也不穿了，还是会被收进衣柜里。扔掉？简直天理不容！

如果说，父辈的节省，是因为贫穷，我的那一堆“无用”与“不扔”，则完全源于贪婪和严重缺乏安全感。贫穷本身并不可怕，贫穷带来的短视，却会让人变得狭隘。一个人如果治愈不了贪婪，建立不了安全感，人生就会陷入永远求而不得的索取和无助中，难以自拔。

日本人主张“断舍离”，看上去是在讲怎么大扫除，实际上说的是一种简单粗暴的生活哲学：要么痛快，要么拜拜。不要因为贪便宜买不需要的东西；不要因为舍不得而保留无存在价值的东西；不要因为虚荣心而被物质所奴役。

人过中年，最大的遗憾是年轻时浪费了太多时间，走了太多乱七八糟的路，吃了太多乱七八糟的饭，喝了太多乱七八糟的酒，交往了太多乱七八糟的人。而当人生进入“做减法”阶段，才发现有很多东西，“扔掉”其实并没有那么难。不喜欢的人，别勉强交往；不舒服的关系，不要艰难维系；不适合的工作，干脆辞掉；不舒服的饭局，没必要碍于面子前往——话说回来，你是否出席，也许并没有人真地在意。

没有任何身外物是不能扔掉的，没有任何人是不可或缺的。人生并不总是多多益善。持有的东西越少，就越容易做出选择。应当及时扔掉的东西，可以是一件再也不会穿的衣服、一个很久不用的口杯，也可以是一份没有前途的工作、一段狗血泼洒的感情，更可以是一份坏情绪、一点分别心。

如非必要，勿增实体。
心头无好，断然离别。

正月十四，突然雪

去海边考察一个项目。刚下车，一直艳阳高照的天，落雪了。

今年虽然回了家乡，雪却没怎么看到。据说年底也下过一场，待我回去时，却只剩下路边黢黑肮脏的积雪。将近半个月，唯有一次，妹夫开车走过一座桥，桥下是大片老屋。居民多已搬走，空留一片荒芜，却正好让敷在屋顶的雪，被厚厚实实存留下来。因为距离市区较远，空气尚好，那雪也都白净清爽。远远看去，倒把个破败的老城打扮得十足洋气，总算有些记忆里冬天的样子。

儿时新疆的冬天，岂止这些白房顶呢。那是被父亲在房顶铲雪吵醒的清晨，是积雪堵住推不开的房门，是每走一步膝盖都没入雪窝，得使了吃奶的劲儿才能把脚拔出来的上学路。还有我最痛恨的冬季长跑课。一路狂奔一路滑倒，一路脑袋冻到僵。好不容易熬到终点，我委屈地对着体育老师大声哭嚎：耳朵掉了咋办啊……

都没了。

2017 年的春节，忙碌仓皇。年前腰疼去医院，遇到一位大姨正跟大夫套磁：我看电视上说，睡觉莫名其妙咬到舌头或腮帮子，都是脑中风的前兆，真的假的？医生只管在病历上写字，头都不抬。大姨没得回应，悻悻然回头，冲着身后并不认识的我开口：我这大半夜的突然咬舌头，都疼醒了，你说多可怕！

焦虑往往比病痛更痛。人人嘴上通达，在生死病变面前却多数伏低做小，全无姿态可言。

年后回青，万物诸事，轰然压下。嘴巴上不负众望起了个硕大的血泡，好两天坏两天，红两天黑两天。我成天顶着个烂嘴唇，呼啸进出，口吐莲花，见鬼杀鬼，遇佛拜佛，喊哩咔嚓，哼哼哈嘿。

这大概才是江湖。没有笛奏梅花曲，刀开明月环，更少见醉里挑灯看剑，梦回吹角连营。真正的江湖，是每逢过年胖两斤，是嘴唇再疼也得跟客户吃火锅，是人人向往踏月留香，快意恩仇。却原来，平凡人间，鸡零狗碎，眼前人事，最为重要。

我们能够得着的小确幸，也许就是正月十四正午的太阳雪。它来得突兀，让相伴走在海边的人瞬间愣了神魂。雪花飘洒，阳光明媚，春节的福字还在玻璃窗上鲜红闪亮。屋里新绿，周身暖意，目下光景，恍若梦里。

这个时候，最应该高歌一曲吧。想象自己是古龙笔下的风四娘，一生只为自己活。骑最快的马，爬最高的山，吃最辣的菜，喝最烈的酒，玩最利的刀。

过瘾。

孩 子

1

出差。早晨去餐厅。正对面那张月白色大餐桌上，并排坐着一家三口。中间的小姑娘不过四五岁，有着亚洲女童难得一见的洋气漂亮。肤如凝脂，卷发如漆，一双小鹿斑比似的眼睛，黝黑清亮，忽闪忽闪的，活脱是天使在人间。

只是，女孩身边那两位真不怎么可爱。从落座开始，他们就人手一部手机看得如坠梦里。孩子想必见惯不怪，一直安静坐着，只用两只嫩生生的小手来回摆弄桌上的餐巾纸。在长达五六分钟的等餐时间里，两个大人的眼睛几乎没有一秒钟离开手机屏幕。而那美丽的姑娘，不哭不闹也不纠缠，就那么坐着。整个过程中只有一次，她先看看左边那位，又看看右边那位，然后长长长长地，叹了一口不属于孩子的，百无聊赖的气。

我转过头去，不愿再看对面那张桌。原本，那里坐着颜值很高的一家三口。原本，这该是一个美丽的早晨，一顿美好的早餐。

2

八角君刚到我家的时候，最喜欢扒拉刷牙杯。有一天我筋疲力尽回到家，发现地上又横着两只牙刷，这已经是四天里第三次换新牙刷了。暴怒之下，我顺手抄起毛巾就抽。它大概早习惯了我只是吆喝吆喝，这一下子没躲开，“喵啊”大叫一声，颠儿颠儿地跑开了。

我换了牙刷，回头再找，发现它躲在沙发脚边，一脸怯怯地看我，怎么叫都不肯过来。那副可怜兮兮又拒我于千里的小样儿，让我的怒火瞬间化为后悔，心想你跟一只猫置的什么气呢？早知如此，就该把牙刷搁在它看不见、够不到的地方。你这么大一个思维健全的人类，跟个比你弱小那么多的动物发什么彪呢？

我一直很不理解一种生物向另一种生物施暴的行为。尤其养猫之后，数得清的几次动手，都是以自己悔得要命结束。不管再怎样换位思考，我都不能想象那些狠手是怎么下得去的：大人打孩子，青壮年打老年，男人打女人，人类打猫狗……在我看来，无论出于什么理由，所有体力不对等的肢体对抗，都是以强凌弱，都是耍流氓。

爱不是本能。它需要耳濡目染，需要细心呵护，需要心和心平等互换。女人不能相信男人“爱你在心口难开”那一套。他若真爱你，一定会想尽一切办法找到你，全心全意对你好；父母如果爱孩子，那就好好爱，搞什么打是亲骂是爱，您是要培养受虐狂吗？

3

就在最近，“国家全面放开二胎”的消息，让很多家庭欢欣鼓舞。与之相比，另一条也是关于孩子的消息却关注者甚微：攀枝花市，三个大人逗朋友的孩子喝白酒，结果导致小孩儿死亡。11 月 6 日，这三人因“过失致人死亡罪”分别获刑。然而带着孩子的父亲，仅得到一句“未尽到监护义务，存在一定过错”，就没事了。

从计划生育，到鼓励生育；从考虑生不生得起，到顾虑养不养得好；从生孩子是为传宗接代，到教育孩子是一个长期而系统的工程……我们的社会正在经历的这场有关孩子的进步，速度着实令人担忧。“棍棒底下出孝子”“父权为纲”“扶弟魔”在有些地方仍是常态；幼儿园虐童、亲妈失手打死孩子之类的案件，还在发生。

没有任何情感是无缘无故的，爱尤其如此。一个不曾被世界温柔相待的人，当然无力对世界释放温柔。一个从小不被爱、不懂爱、不知道爱是什么感觉的人，你要怎么指望他长大了明白什么是爱、如何表达爱？这与那些儿女二十岁之前严禁恋爱，二十岁之后又急急忙忙催婚催生的家长有同样的混乱逻辑：您希望自家孩儿一夜之间抛却肉身肉体臭皮囊，换上莲花莲蓬莲藕身，舞着混天绫，踩着风火轮，转眼之间成英雄——对不起，那您自己首先得是托塔天王啊。

4

挪威籍英国儿童文学作家罗尔德·达尔说：“孩子与大人本来是两个完

全不同的物种。大人如果真的想了解孩子，最好的办法是跪着生活一个星期。他就会知道生活在一个大人国度里的小孩是什么感觉。小人儿为了在巨人的领地上生存，需要多大的智慧和勇气。”

生养儿女从来就不是什么值得歌颂的伟大事迹。一对成年人，在决定让一个孩子来到这个世界的时候，就应充分预计到自己所该付出的代价和承担的义务。但每一个孩子，从降临这个世界到成年前的所有过程，却都是无可选择且悬念重重的：他会出生在都市还是乡村？他能否吃饱穿暖被温柔以待？他会遭遇一个吸毒的妈妈，不管不顾又生个妹妹，然后把他们双双饿死在家里吗？他会被一个愚蠢透顶的父亲带到一群愚蠢透顶的成年人面前，喝白酒取乐吗？

生殖与繁育，是大自然赋予所有生物的权利。在这一点上，人类与其他物种本无差别。而人之所以为人，在于我们对于生和养，是有自主权和决策力的。每一个不懈争取生育权的人，在指望通过孩子完成人生完整的任务、弥合岌岌可危的夫妻关系、陪伴无聊无趣生活，以及未来替自己养老送终……所有这些之前，更需要考虑的恐怕应该是：

你能不能给他和睦的家庭、体面的生活、正确的教育、完善的人格？你能不能与他一起成长，最终把自己先塑造成那个你所希望他能成为的，更好的人？你能不能，在每一个阳光普照的早餐桌上，放下手机，蹲下身体，眼睛对着眼睛的，与他聊天，给他陪伴？

最极致的爱

其实活着还真是件美好的事。不在于风景多美多壮观，而是在于遇见了谁，被温暖了一下，然后希望有一天自己也成为一个小太阳，去温暖别人。

——三毛

西安少年林嘉文因抑郁症离世。媒体在报道这件事时，对他一致的称谓是：史学天才。毕竟，他才只有十八岁。

在林嘉文的遗书里，有一个出现过两次的名字很惹人猜度：刘雅雯是谁？对此，少年其实很坦白，一句“我对刘雅雯的爱恋”足以说明所有。而另一句“在我给除刘雅雯外的每个人……写下这些话的时候，内心竟然有种施舍般的悲悯”，又不能不让人想起张爱玲那句“遇到他，她变得很低很低，低到尘埃里。”

他爱她，于是他认为只有她是与众不同的。也只有在她面前，他才觉得自己是如尘埃一般卑微的——哪怕，他其实是个天才。

被一个天才爱上是什么感觉？除了当事者，平庸如我辈，恐怕谁也说不清。比如乔治·桑之于肖邦，波伏娃之于萨特。所谓极致地喜欢，更像是一个自己与自己在光阴里的隔世重逢。愿为对方毫无道理地盛开，会为对方无可救药地投入，毫无道理可言。天才所与，想必就是两性世界中，那种最极致的爱吧。

《神雕侠侣》里，杨过拜不食人间烟火的小龙女为师，同在古墓居住。姑姑给过儿的午餐是一杯蜂蜜。杨过吃不饱，追问平常所食何物？小龙女说出真相：孙婆婆在时，都是她安排煮饭。孙婆婆去世后，没人会煮饭。原来，不食人间烟火的另一个注解是：不会煮饭。

自古以来，所谓伊人，永远就只能“宛在水中央”。她聪明伶俐，活泼聪慧，温柔时如水，活泼时如风。你可以为她欣喜，为她忧伤，为她朝思暮想，却独独不能抚摸她、亲近她、得到她。盖因这世间的男子，心中都不止有一片白月光，还总藏着一颗朱砂痣。而几乎所有女人，也都难保证自己有一天不会沦落为人家胸襟一颗饭粒子，墙上那抹蚊子血。

小龙女本乃红尘槛外人，遗世独立无欲无求，所以才得于古墓中恬然而居数十载；张爱玲也是临水照花人，滚滚红尘千帆过尽，所以看得透繁华，耐得住寂寞。而真实的人生，却是一场永无尽头的远行。翻过一座山，横在面前的会是一道岭；下完一面坡，必然会有一条坎。人们行色匆匆，奔波不停，都在演戏。今朝粉墨登场，众人喝彩；他日谢幕转身，人走茶凉。一闹一静一惊一乍中，又有谁能真的守住一颗素心，懂得花时间与另一个自己交谈相处，互相依存？

所以，当天才少年的内心里仍对所倾慕女子怀着最本能的卑微感时，以彼之造诣，大概也早就看到了未来，“认清了我永远不能超越的界限”。不会煮饭的小龙女，最终赢得了神雕大侠一辈子的不离不弃，这当然是爱之极致。可是，一见杨过误终身，小龙女世间有几个？

不求掬水月在手，不思弄花香满衣。市井凡常，也许适合的恰是我们不紧不慢，不咸不淡的生活。人人都是小孩子，胡闹是因为依赖，懂礼貌是因为你是外人。而极致之爱，像地心里的火，不止燃烧，更会毁灭。

清风明月心，与红尘不染，只求此生安暖，一切随遇而安。而我更爱粗鄙利落：唯求踏一良驹儿，马蹄粘花。一干鸟事，由它去吧。

臭豆腐

子非鱼安知鱼之乐。

——《庄子 · 秋水》

午饭时间，同事小朋友在讨论要买一种据说很有名的臭豆腐。你一份，我两份，兴致盎然。我在旁边插了一句：真不明白你们这些吃臭豆腐的，闻着那么变态的味道，怎么入口啊？一名吃货女立马两眼发光：哎呀！那种味道你绝对应该尝尝，我连汤汤儿都能全喝掉……

虽然仍然理解不了，但看着她的眼睛，我瞬间就决定闭嘴。子非鱼安知鱼之乐。人家吃人家的臭豆腐，是香是臭，都是人家的个体感受，不吃的人，怕是没理由反对和质疑的。

人间多数互不理解和各说各话，都源于不能站在对方的角度看问题。所谓“感同身受”，其实必须得先“身受”，才可能“感同”。而真实的世界是，成年人早已忘了自己曾经也是个孩子，年轻人很少真正意识到自己也会变老，女人总觉得自己不被平等对待，但若问起男人，十个有九个也是一肚子“男人真难”的苦水。

普通人的无法换位思考，会带来“你对臭豆腐甘之如饴，我却视其为洪水猛兽”的分歧，文艺作品视角狭隘，就只能三观尽废。“男人没一个好东西”成为几乎所有国内肥皂剧里最常见的台词，而婆媳关系一定是脸皮撕破、鸡毛一地。红极一时的《欢乐颂》里，无论安迪如何白骨精、内外美，编导对她的人设依然是个“需要男人拯救的灰姑娘”。

不曾与一名男子终成眷属，女人所有的人生努力便全无意义。没人相信你自己其实过得很好，所有表面风光都是为了掩饰内心孤苦。任何人都可以站在自己的世界观里高声指责：你不正常。

《欢乐颂》里，恰恰是相对塑造更真实，也更应得到同情的樊胜美，却被绝大多数男性观众所嫌弃。原因很简单，任何一个男人，其实都无法真正站在女人的角度，体会她们面对职场、爱情以及原生家庭时的矛盾、挣扎和无可奈何，当然也就无法原谅那些可能出于自保而养成的精于世故、爱慕虚荣、斤斤计较。更不用说，那种迄今为止仍存于中国民间的“生女就是为了养儿”的劣习，对女人来说当然有感同身受的刺痛，对于男人，却仅仅出于性别的本能，就宁可不听、不看、不信。

社会的进步和平等，不是要求女人必须挣钱养家，更没必要强求男人去体验分娩之痛。所谓美丽世界，是你可以自由自在吃臭豆腐，我有权请你尽量别影响公共环境的空气。所有笑泪都由心而发，所有个体都得到尊重。这才是真正的文明之精神，自由之魅力。

凑热闹

当司机师傅说“你们如果不提前两个小时出门，肯定就赶不上了”的时候，其实已经晚了。之后，我和同事经历了车河、车海乃至车不动。各种绕道而行，各种有惊无险。一场来历不明的浓雾顷刻间弥漫全城，更让这场奔赴显得困难重重，前途未卜。眼睁睁四车道变六车道，一辆大皮卡喘着粗气放着屁，在双黄线果断掉头，蹒跚而去。

奥帆中心附近，年轻小交警一脸焦虑，手舞足蹈。一辆越野车正想左转，他哑着嗓子飞奔上前：堵住啦，别进啦，还是绕道吧！车主一脸无奈：可是我家住在里面啊……

想知道究竟有多少人百无聊赖堵在路上？打开朋友圈便一目了然。这个说：“今天去万象城吧，能见到你的初恋、前任、连襟、情敌、老友、同事，以及失散多年的表兄弟干姐妹。”那个说：“山东路北向南已成一车道，闽江路到香港路封闭成了步行街。”一大波前方图片扑面而来，人群、人群，还是人群。有那么一瞬间，你会恍惚：这真的只是一家商场开业吗？

当然，也有理智之人呼吁：能不去凑热闹，就尽量别去了吧，上海大年夜踩踏事件历历在目，“大家注意安全啊，我爱大青岛！”可惜，这呼声在群情激昂的刷屏中，聊胜于无。终于，很快就有某人血流一地的画面传开。据说是为了挤进场地而翻栏杆的结果，“卡破头了”。

如此这般，原本二十多分钟的车程，磨磨蹭蹭愣是走了一小时四十分钟。远远瞅着那块巨大的商场 LED 却完全无法靠近，我只好下车步行，妄图从某个之前被人们争相告知的小道儿斜穿过去。不料人还离得很远，就有黑衣人在那边厢张牙舞爪地叫：回去回去，这里不许进！

雾气越来越重，温度越来越低。有人三三两两从身后赶上去，更多人一拨一拨从前面退回来。站在原地遥望，从我所在之处到开业庆典主会场，中间大概还有 1000 米距离，却横七竖八拦了四五道安全线。更不用说那一群群身着黑色防暴服，一脸铁青的警戒者。

《偷天陷阱》里的红外线防盗网也不过如此吧。可惜我不是凯瑟琳·泽塔琼斯，只能乖乖败下阵来。躲进旁边的香格里拉，一口红茶一口酥，这一下午的奔波和寒冷才算有了片刻平息。正打算对朋友圈里冻成狗的同仁表达下假惺惺的慰问，一张粉红色图片瞬间刷满全屏：因为安全原因，现场活动取消了。

这就是 4 月 30 日，很多青岛人的经历。世间事瞬息万变，过不了几天，人们就会忘记这一天，忘记这座城市因一间商场开业和两位超级明星到来而全城瘫痪的故事。

有句外国民谚说：“辛勤的蜜蜂永远没有时间悲哀。”它们大概也没时间去凑其他动物的热闹吧。

我的啤酒，你的节

在与司机掰扯了近四十分钟之后，我终于到了啤酒城北门——此前，我全不用脑地瞎指挥，让他多绕了近一倍的路程。好在司机师傅并不生气，只一个劲儿替我操心:“咦？啤酒节不是搬到西海岸了吗……咦？啤酒城早就拆了吧……咦？你朋友是不是指错地方了……”

千恩万谢下了热心大哥的车，往大栅栏门步行的一路上，途径若干倒票大叔，统统光着头，满脸谄笑。新高跟鞋是咬人的妖精，三分钟路程，脚趾头皮磨破。

五六年没来啤酒节，安检手段高级了很多。小窄门儿，传送带，还有举小电棒的制服姑娘，面若止水，手法轻飘，蜻蜓点水般在你身上一划拉，走。

天还没全黑，人烟稀落。硕大的青啤广场，上百张长条桌，绿白小方格桌布，极目望不到头。“果然一年不如一年啊……”同行瞥我一眼：这才几点，早呢。

我心里讪笑：你们知道什么。十几年前，几乎每个八月的后十七天，我都是在啤酒城度过的好吗？那时别说晚上七点，啤酒城东南西北各个门，都恨不能从下午两点就开始封路戒严。门口倒票的大叔们，头还没秃，样子可远不如今天这般和善。人潮堵住大门，伸头踮脚，等待从里面送出的门票，或者工作证。

几十块钱的门票，如今再没多少人愿意为此大费周章了吧。

同行几个都是吃了晚饭才来。选离舞台最远的地方，一塑料袋自带水煮花生，溜溜摆开一桌酒，纯青岛土著喝法。酒是选了颜色最重的黑啤，然而黑的确是黑，却全无味道。水兮兮。

露天吧台倒是做得绿光莹动，白 T 小哥唇红齿白，笑靥如花。吧台屋顶另辟有桌，土丘般的所在，说是有最低消费，一悠闲中年男腆肚独坐，一览众桌小。场地炫得不得了，几垛子啤酒瓶垒起的高塔，红黄蓝绿紫，来回变色。三块巨型 LDE，忽忽闪闪，在每个人脸上画彩。音响惊人，从最远处的舞台排山倒海冲来。说话于是成了最费劲的事儿。那就喝酒。黑黑的黑啤，水兮兮。

晚八点，天色全暗。还没看清身边空桌何时坐满，眼前已有人酒醉倒地。有人赶上去，拉地上的人起来。是个圆脸长发姑娘，一脸醉态，却也满是羞赧。好像很意外自己会喝倒，又好像有些抱歉。扶人的倒是蛮不介意，集体嘻嘻嘻，拉拉扯扯又坐回去。

舞台上，重头戏已经开始。很多年前，我和同事们在这里做的“全国电视饮酒大赛”，早已更名为“全球饮酒大赛”。当年汗颜自己真敢喊，听听如今的，也没啥不妥。赛制还是当年的设计：饮大杯，比速度；小吸管，比容量。主裁判也还是当年那位，裁判服依然是花俏的沙滩衬衫，连宣布比赛结果的台词都一模一样。只是远远从直播大屏上看，大叔头顶已呈地方支援中央态势，发量堪忧。转念再想，这已然是十多年的光阴啊，正常。

十几年如一日做同一件事。对我这种三心二意的人来说，这种人，是传奇。

还有更传奇。遥想那年，酒王还是大学生。第一次赢了，剧组请吃饭，才知他平日滴酒不沾，自己在家用水练。如今挂着六届酒王的名头参赛，在台下山呼海啸的欢呼里，有我莫名的激动。

当然不是莫名，而是旧时好多事。那一个个夏夜里中心舞台加的班，难吃的盒饭，跑场演出姑娘的白纱裙，选手喝多在后台打的架。还有那次闭幕式现场直播，主持人上台第一句就说错，他在台上吐舌头，我在导播间里直着喉咙骂娘。还有那个名叫海静的小美女导演，瘦瘦的身体大眼睛，每天像战士般奔波在选手、演员、啤酒办公室领导等各位神鬼魔仙之间。

啊啊啊啊……我在离了十万八千里的座位上尖叫。酒壮怂人胆，往事不可追。

天上哗哗开始嘣烟花，全场几百张桌，上千人扭腰摆手，呼呼哈哈。邻桌五六岁小男生，戴一顶镶满小灯泡的帽子，爬上桌子跳街舞。六届酒王变七届，我兴奋地像是自己得了三万块，咣咣跟人碰酒。可惜，黑黑的黑啤，水兮兮。

夜色渐深。各种“紫龙”“黑凤”轮番上台献唱之后，主持人开始搬出一张张形迹可疑的字画展开拍卖。台上台下，五百两千，真真假假，图个高兴。越来越多人醉倒，有人上桌，有人脱衣，有人倒下，有人一桶桶继续买酒。此一刻，啤酒节才终于显现出它应该有的样子。

我们这桌，偶尔激动，多数安静，很不应景。尤其对面坐个巨蟹男，小小玻璃杯，一口一口细咂么。每隔几分钟叨叨一次：别喝了别喝了再喝就多了。我问他，你是从来没喝多过吗？“基本没”，他黑脸黑眼镜地一脸严肃：好像脑子里总是有根弦……

毫不留情地给了他个大白眼。从没喝多过的人生，该有多无趣。

酒喝干，往外走。朋友叫了网约车，足足等够十分钟。有人急，我则找了马路牙子坐下去。你可知十多年前的啤酒节，无论几点出门，都是完全打不到车的。那时的八月，啤酒城从里到外是个欢乐场。打什么车呀，喝多了走走，正好醒酒。

相比后来之辈——那个欣欣向荣的西海岸啤酒节新会场——已经 27 岁的崂山啤酒城是一位垂垂老妪。金色街灯下，她身着旧日华服，收纳一些如我这般不上道儿的回忆，等待着自己最后的谢幕。

世界上最远的距离

春天繁盛，桃花恣意。你和闺蜜开开心心去春游。臭美，拍照，还发朋友圈。他回：老年版三生三世吗？

一大早三只猫撒娇卖萌，可爱非常。你一时兴起拍了它们的合影发在朋友圈。他回：瞧这些猫，一副欠扁的眼神。

你买了新锅煎牛排，味道竟然不错。拍出照片来也很诱人的样子，于是美滋滋地发朋友圈。他回：吃这么大块肉，不怕胖死！

你去健身，拍个照发朋友圈。他一定要在下面回：这种身材也敢秀，勇气可嘉。

你看到满野金黄，小麦飒爽。乡间地头全是劳作的人们，于是心怀喜悦发张图片，配字“丰收”。他在底下留言：哪里有丰收？都快旱死了！

你看到张旧照片，忍不住感慨：这曾是我二十年前最爱的人。他回：你那会儿可真够丑的。

你喜欢朱天文，每一句都那么合心。偶尔摘两句发个圈。他回：原来古往今来，矫情的女人都一个样。

你说范冰冰做戛纳电影节评委的那套透视露臂裙真难看，他说：你是嫉妒人家长得比你美。

你因为个什么事儿感慨社会风气人心不古，他立马回“你朝你国就这个屌样”“这个社会很黑暗，每个人都是复杂的大灰狼”，世人皆醉我独醒的嘴脸，莫名其妙满满道德优越感。

……

年轻的时候，最糟心莫过于空把一腔深情赋予渣。如今年纪大了，对渣们的套路多少有了辨别力与免疫力，于是最讨厌的事就变成聊来聊去，最后发现你们其实完全不在一个频道。你讲东，他讲西，你感慨夕阳西下，他说隔壁狼狗追鸡。

这世上最远的距离，才不是你爱我站在对面的我却不爱你之类，而是你们明明生活在一个世界，对同一件事情的看法却好像在两个宇宙空间。你还不能不高兴。不高兴了人家就啧啧：敢发出来有啥不敢让人评论的？这是幽默懂不懂？我开玩笑的你可真没劲！

对不起，我和你真的没有那么熟。

知乎上有篇文章，《你情商低就别回朋友圈了》，说现在很多人搞不懂人际关系的边界，“认为所谓朋友就可以拿人身攻击当做互开玩笑的谈资。”事实上，更多人不明白的是，即便你们比朋友更亲密，保持适度的“边界”和说话的“分寸感”，仍是所有关系里必须遵守的法则。

更不用提那些拿低情商当直率，拿没教养当真性情，明明已经很失礼，却以为自己很有趣的人——没有锦上添花的能力，至少也应该学会尽量不要去扫人兴。

脑子人人都有，多用用没坏处。

不经 81 难，哪来 72 变

1

有一年春假，我在青州的广福寺里住了三天。当时它还在建设中，四处断垣残壁，破瓦烂砖。灯没灯，火没火。尤其到晚上，四处黢黑，一片死寂。

那是我第一次知道，真正的黑，不是伸手不见五指，而是你在夜晚伸出自己的手，连个巴掌影儿都看不到。而真正的静，也不是所谓万籁俱寂。而是哪怕空气里最细小的尘土飘落，都会引发一场耳鸣。为了抵抗那巨大而安静的响动，你会忍住不动弹、不睁眼，甚至不呼吸、不思想。生怕稍有妄动，就惊扰了谁。

广福寺的静夜，是所有与礼佛相关的经历里，最令我震撼的一次。虽然，我也就只是早课上滥竽充数念念经，中午跟和尚们吃一顿白到不能再白的斋饭，晚上在百无聊赖的黑暗与寂静中睡去。那些黑，那些静，那些布衣和尚从身边匆匆走过时，长袍甩在空气里扑簌扑簌的声音……却像被刻刀雕琢一般，始终在心，从未忘怀。

还有，那一季铺满群山的柿子树。成熟的小柿子们，像千颗万颗红灯笼，星星点点，烧遍山野。

2

还有一年去普陀山，恰逢黄金周。漫山遍野，人潮涌动。山路迢迢，布满匐地而行的所谓“苦行僧”，挺身拦路，伸手要钱。也有身背褡裢的胖和尚，姜黄袈裟，雪白僧履，袅袅婷婷，缓步徐行。兴起时，自拍之。我与大部分同行者还在用诺基亚 N72 的年代，大师傅举着最新的三星大屏。

大雄宝殿前，“人山人海”已不能形容。因为实在太过拥挤，人们只能见缝插针找地儿，随意跪下，纳头就拜。那场景于是看起来就很是好笑：你可能拜的是谁的屁股，也有人正在向你的左脸磕头。还有人举一炷炷奇长无比，唤做“高香”的东西，亮火冒烟，颤巍巍穿行在人堆里。

梅福禅院一面墙上写着巨大的“佛心”二字，人们争相聚拢在离字五米远的地方，站定闭目。男左女右转三圈，再闭着眼前行。如果你恰好走到那面墙下，又准确地摸中了“心”字，大家就会拍手称赞，因为据说摸中“心”的人，与佛有缘。

我眼睁睁看着好几位妇人，半嘘着眼，端直走过去，将白白胖胖戴满金银钻戒的手一把拍在“心”上。然后在旁人的喝彩声里，扬扬自得。

听说这两年普陀寺不许烧高香了。好事儿。

3

前两天看一位情感女作家专栏，说希望每一个女人的成长，都不是靠着“被伤得体无完肤后的绝地逢生”。她认为，我们应该在普通平凡的生活里，用自己的努力，早早就具备洞察力和卓绝悟性，“要能够从别人的故事里看清规律，从别人的经验中悟出自己的道理。随着岁月，告别那个懵懂迷茫的自己，成为通透睿智的人”。

想起那一年的广福寺和另一年的普陀山。安静者安静，喧嚣者喧嚣。世事纷繁复杂，诡谲莫测。同在佛门净地，尚有静心念经的，伸手乞讨的，清心寡欲的，锦衣玉食的。何况我辈。别人的故事，很多时候并非前车之鉴，而是“佛心”前沉渣泛起的虚荣。人生从来都是小马过河，深浅冷暖，自己不湿身，谁说给你都不作数。

最平凡的生活，也许藏着最离奇的剧情。再普通的人生，回头看无处不是暗流涌动。该念的经，一句都不能少。该走的路，少一步都到不了头。孙猴子天赋异禀，还得五行山下熬 500 年。谁说只有苦练 72 变，才能面对 81 难。分明是不经 81 难，哪来的 72 变？

4

这是一篇写给明天过节的广大妇女的文章。不管你被称为妇女、女神还是女王，其实都一样，不用介意，更不用相信。所谓睿智通透，是少数人的福（gui）祉（che）。众生皆苦，苦不同，都会痛。你我平凡人等，还是得做好吃一生之苦的准备。所谓“命运的归命运，自己的归自己”，说的不是投机取巧小聪明，而迎难而上不服输。

当然，你也大可以嬉皮笑脸面对人生的难，那就不要抱怨越过山丘，结果却无人等候。

与其惊慌，不如欢唱

与人谈事，话不投机。电话挂掉的时候，右手一直在抖，怎么摁都摁不住。

过了一个小时，手不抖了，开始觉得可笑。原本咬牙切齿的各种毁灭性决定，一个一个被自己推翻。又缓了一个小时，继续给对方打电话，重新谈。

不是装的。在心底里，我对自己说，这事儿，翻篇了。

大家都很忙，哪有那么多时间生气。

年轻时，我不是这样的。较真，纠结，睚眦必报。就算心里明白是自己错，也要生扛。“示弱”在我的字典里完全不存在。明火持杖的对抗虽然不多，生闷气却是宇宙第一。就算把自己憋成内出血，也绝不能先低头认错。若是真发展到争吵，那必得挑最狠的话出口，不伤人伤到血流成河，绝不罢休。

很多人就此消失在我的生命里。过了很多年我才明白，伤人者必自伤，不给人留后路的结果是自己无路可走。年少时不懂珍惜——这句话说得有多轻巧，天知道有多懊恼。

人心是世间最幽暗的所在。最珍爱的人，也许其实离你最远。因为，你对他所以有爱，大概就是因为他与你有所不同，甚或你与他根本就是两种人。总有一些人是要离开的，就像总有一些东西是要失去的。越想捏紧的沙，越容易流逝干净。

家乡一男蜜，晚上十点多打来电话，讲他与女朋友的事。这场二婚之恋谈了整整三年，倒也足够惊天地泣鬼神。见不得离不得，今天如胶似漆，明天天雷地火。一阵说人到中年才知什么是真爱，一阵又焦虑如此下去怎么可能一辈子。三拉四扯，终到分手时，又开始患得患失，不知到哪里再去找这么好的人……爱情或者婚姻，走到尽头时，无论对男人还是女人，杀伤力都是惊人的。好好一个大男人，磨磨唧唧，拖拖拉拉。

我先笑他: 不错呀, 一把年纪了, 还能有那么个人, 让你惊惶, 让你纠结, 让你左右为难，让你不知所措，倒也是种幸福。可是……都什么岁数了，还玩你推我就要死要活？实在爱得不行了，就别嫌人家这个那个，麻利儿娶回家啥也别埋怨老老实实过日子。若还是过不了心里这一关，那就好合好散，各回各家各找各妈，该干吗干吗去。年届不惑，你是谁，要什么，早几年就该弄清楚了，还真以为自己是琼瑶故事里的男女主呢！

人非圣贤，谁这辈子还没个走错厕所踩上狗屎，难堪到恨不得钻进泥里再也不出来？你大可玩迷失、被感动、痴痴缠缠、想想念念，甚至做一把期期艾艾痴男怨妇……但，拜托，适可而止懂不懂？大家都这么忙，谁有时间陪你没完没了地演言情剧？你不着急，人家姑娘还得趁大好青春，另觅良枝再图美意呢。

人生有两件事不能做：未知结局时轻言放弃，该离场时纠缠不清。每个人都是带着一个或几个巨大的任务来到这个世界，任务完了，就该走了。人与人的缘分，人与自己的修炼，都是任务。善待他人，淡淡交往，下辈子也许还能继续做朋友；规范自己，时时内省，离开时但求心无挂碍。

梅丽尔·斯特里普说："我不愿去取悦不喜欢我的人，或者去爱不爱我的人，或者对那些不想对我微笑的人微笑。"与人交往，不傲娇，不专狠；与己相处，不纠葛，不后悔。岁月这么短，愁怨何必长，与其惊慌，不如欢唱。并不是所有过往都要留存，只要还有那么一些事和一些人，能永留心中，就足够了。其他的杂七杂八，尽可丢掉。轻轻的，或者，狠狠的。

我的心，就那么大点地儿，要留给那些懂得的人，值得的事。

一杯敬明天，一杯敬过往

童 话

参加书展，看到一本童话书的推介。大意是每当冬天来临，兔子就会觉得很寂寞，因为最好的朋友刺猬先生，一到冬天就要冬眠。

“你会想我吗？我会想你喔。”
“我不会想你。因为我要冬眠啊，睡着了怎么还会想呢？”

兔子总是这样问刺猬，刺猬也总是这么回答。可是兔子太健忘了，问了又忘，忘了又问。于是，刺猬想了个办法，既能让兔子记得他说的话，又能让从未见过冬天的自己，看见冬天的模样……

就是这样了。究竟有什么办法，让兔子和刺猬都满意呢？脑袋想痛了也想不出。这本名为《我不知道冬天的样子》的书，营销满分。

而眼前这个实打实的冬天，感觉还没怎么过，就要结束了。

歌

最近的手机铃声，遭到同僚嘲笑：“您还挺跟潮流，这么新的歌做铃声。”毛不易《消愁》，“一杯敬明天，一杯敬过往……”

想起大概两年前，朋友的孩子结婚，让我给拍个 MV。成片后反馈还不错，唯一不满的是配乐。对方发了一堆歌曲过来，全是张杰，《明天之后》《这就是爱》。我：“现在的孩子真可怜，这歌也叫情歌吗？全无水分啊。怎么就不选那啥、那啥，或者那啥啥……多好听。”

“呃，那也太老……太土了吧……”又被人笑。

留在过往里期期艾艾，人家说你故步自封不思进取；与时俱进跟上潮流，又有老黄瓜刷绿漆之嫌……上了年纪是原罪，没理可讲。

眉毛

午休，被美容院姑娘电话嫌弃：姐，你都多久没来了？眉毛又没修吧？

一直不会自己修眉毛，左手右手，粗了细了。以前看过一个故事，说男人喜欢为女人描眉毛，因他最爱女人额上那两道柳眉细长。后来男人移情别恋，女人却毫无怨言，只在男人最后一次见她时，亲手将自己的两道眉毛，齐齐刮去。

记得当时年纪小，看到这样的故事，难免为女人的决绝所动容。如今再看，明白那不过是女人难以忘情的无奈之举。她以为毁了男人最爱的东西，是对他的惩罚，却不知满世界可供男人选择的眉毛胡子一大把，他若真能被这种自虐所动，又怎会说走就走。

世间有关痴情的事，大都是人们自说自话的想象，所以童话才只能终结于“王子公主从此过上了幸福生活”。一腔痴恋与一地鸡毛之间，是两根即便狠狠刮掉，也早晚会长出来的眉毛。

规矩

有女朋友给我讲她的爱情故事：未婚夫英年早逝，她带着满腹情殇，之后从美国回国。不久收到前男友约见信息。许是对方仍是单身，又或者本来当初分手就分得很不甘心。当然，更重要的是此刻心情正坏，她的确需要有个相熟的人说说话。结果见面没多久，对方有没有认真听她诉说不知道，言行举止却明明白白一个目的：咱们上床吧。

姑娘情绪瞬间崩溃，甩手给了对方一个耳光。“我是刚刚死了老公啊，他怎么就能提出那种要求？”更让姑娘想不通的是，被打后的男方显得又意外又委屈，还很气愤，觉得她不可理喻。女朋友说：“他的心是怎么长的？怎么会有这种人？”

是啊，怎么会有这种人。

每一个正常长大并遇到各种人渣的女人的前半生，大概都曾有过这种疑惑。甚至要到很久以后，我们才明白，原来这世上有很多看起来显而易见的道理，在有些人眼里其实屁都不是。而一些我们理所应当认为必须遵守的规矩——比如言必行行必果、说话要算数、做事要有交代；比如在不被攻击时，不虐待杀害有灵性的动物；比如不面临大困境的前提下，不率先伤害他人感情；比如不能恃强凌弱、不要欺软怕硬；比如女朋友的闺蜜不能撩、闺蜜的男人不能撬，有些感情碰不得、有些底线不能破……

出来混，多多少少都要遵守点儿江湖规矩。如果这规矩是你自己定的，那么游戏开始之前，至少应该先跟对方表述清楚，达成共识，再来。也别扯什么“情难自禁”“爱比天大”，真能做到“要美人不要江山”的，古今中外也就一个李后主一个温莎公爵。那些视他人苦痛为儿戏的人，对自己的得失通常铢锱必较，因为他最爱的，永远都只是自己。

没有什么情爱是百无禁忌的。如果有人说没问题，对不起，他就单纯只是贱。

一年又一年

1

第一次听李子柒这个名字，是半年前的一天，我发朋友圈晒自己做的面点。有刚认识不久的朋友留言说：“每次看到你发吃的，就想起李子柒。”好学如我，赶紧去问了下度娘。结果那张又美又仙儿又年轻的脸吓得我赶紧关了浏览器，连感谢一下朋友谬奖都没好意思。她是风马我是牛，完全八竿子打不着嘛。

所以，对于临近年终那场关于李子柒的争议，有些好笑。人家就是个演员啊，从来也都承认自己是有团队的啊。我看了下她在田里扒白菜那场戏，最少也得有三个机位才能完成。这跟《舌尖上的中国》有什么区别呢，不过是很多民间美食被同一个人做出来，而这人恰好长得有点美，衣服穿得有点作，画面营造得有点世外桃源，而已。

古老中国日出而作、日落而息的农耕生活，无比艰辛又充满来自天意的不定性，其实并不值得吹捧。看到自己原本瞧不上的网红得到老外喜欢，就更没必要怒火中烧。无论如何，“李子柒”也就是一出导表演都还算好看的戏，与《还珠格格》《甄嬛传》闯出国门创造收视高点并无二致。

毕竟，穿身汉服做个饭、拍个视频晒张图，充其量算是个热爱生活又恰巧爱表现的人。赚钱有李子柒，自嗨有肖某人。硬要扯些虚头巴脑的意义和纠纷，实在没必要。

2

有一天跟朋友在车上聊天，忘记了说到什么，出租车师傅突然非常有同感地猛点头：对对对，这就叫“干眼前活”“我媳妇，我媳妇，就这种人！”据师傅说，尊媳妇是个仓库管理员，平常干活总是有一搭没一搭，但只要有领导来，她就极有眼力价地从来不会错失表现机会：“我就等他来才干活，干多少全都让他看见，他啥好处也落不下我……”

我和朋友一时间语塞。因为在我们看来并不值得赞赏的品质，从师傅的语气里却完全听不出褒贬来。他就是平平静静为我们阐述了这样一件事、一个人。没态度，很中立。弄得我俩也完全不知该如何表态，只能赔笑，像两个傻子。

以前看过一个笑话：计生委领导下乡视察，碰到一个老农，问他：“老乡，你知道为啥近亲不能结婚吗？”老农憨厚地挠挠头，笑道：“呵呵呵呵，那啥，太熟，不好下手。”

人和人对于世界的认知差异，犹如天坑。所谓下愚莫揣上智，夏虫不可语冰。换作我，如果真是个“干眼前活”的人，就只想悄咪咪偷着乐，谁都不告诉。

3

年轻时不懂事，以为多姿多彩跌宕起伏的日子才算有滋味、没白活。差不多35岁以后，我开始越来越抗拒所谓“戏剧化人生”。工作不是充满挑战才刺激，踏踏实实完成就很好；旅游从来不期待艳遇，无论《罗马假日》还是《诺丁山》，说的都是美到极致的人儿。凡常人设，思虑更多的，不过是民宿美不美，纪念品贵不贵。

更不用说中年女人一名，走在路上，连伸手搭车的勇气都没有。君不见同样中年的男人，但凡是个头不秃、肚不腆、略微不那么油腻的，路上捡到的小女生怕是早就挤爆车后座了。

大概也是因为此，我对于一切非正式场合下的表演，都缺乏应有的应付能力。比如好好吃着饭喝着酒，突然就有人大声歌唱或纵情朗诵。每当眼前摆着满桌残羹冷炙，耳边却缭绕着动人的歌或诗，我都会无比尴尬。旁观身边列位，多数也已喝到五迷三道、眼帘低垂，真不知是该抬眼看那个同样面红耳赤的表演者，还是继续去瞅桌上那堆鸡骨头和瓜子皮。

唱歌请去 KTV，念诗可以搞诗会。肉林酒池与风花雪月，各有各的风骨与气场。还是各得其乐，互相尊重比较好。

4

一年将尽。这一年，有过病有过难（二声），所幸多数时候平安无事，静水深流。新朋友没交几个，老朋友都还在身边。除了看戏观剧有感，几乎没怎么哭过。四月换了新单位，来青岛十八年后的第六份工作。人到中年，普通女人一个，还没完全被职场抛弃，必须感恩。

朱光潜说，世上最快活的人是最能领略的人。往后余生，惟愿我还能领略，能从凡俗生活中寻出趣味。“做最快活的人”当然是奢望，但我至少可以尽量做到，即便不比别人更高尚，但也不比别人更卑劣。要自然，也不要刻意自然；要放弃说教，放弃一副看透了的样子；永远不认为自己可以免俗；恍惚面对世界，笔直面对自己。

一年又一年。不管是乱世如麻，还是锦绣年华，生有多无奈，活总还是要努力继续地活。愿我们的心中，总有鲜衣怒马，热血一腔；愿我们的胸怀，总能禁得起假话，受得住敷衍，忘得了承诺，忍得住欺骗。愿我们所有的快乐，都无须假装，在即便没有人扶的时候，仍能腰背挺直，身形美丽；愿我们即便痛苦，却仍要求索，淡定从容，百炼成精，赤诚善良，此生尽兴。

一年又一年。指望来年，家人健康，自己安稳。晨有朝阳可追，暮浴月光而归。举目可观花，过耳有歌声。不想见的人尽量不见，不愿做的事，视内心及钱财所定，量力而为。所遇尽可能欢喜，所得皆源于善良。心明眼亮，难得糊涂。

一年又一年，愿我们过尽千帆，遍历山河，知道人间不值得，却仍能看尽人间好景色。

跋

四季·人生

文 / 黄春玲

一个写作者到底要不要袒露自己更多？

这当然是争论已久的问题，肖瑶本人对自己的这本书也抱有这样的疑虑。一本由公众号文字集积的书，作者诚恳地记录了自己的工作，生活朋友，家庭，病痛甚至拿不上台面的小情小绪，尤其是并不那么伟光正的或者消极或者负面的情绪面。写作者无疑是一直在进步的，格局提高后自己偶尔也会惭愧自己的一些曾经。技术更为高超的写作者自然隐在深山中，然而肖瑶的珍贵在于她不装不端，大方坦然地袒露自己，她如此多的读者非常容易在其中找到共鸣。我们平常，我们七情六欲，我们不太高尚，我们试图积极上进，我们向往美好，我们一地鸡毛。

肖瑶写人和事，常常让我有种画面错觉，漫长蜿蜒的道路后面，有一些河流山川的背景，天上有隐约的白云，远山有氤氲的水墨气息。她的世界还是文艺的，她以知世故而不世故的眼睛，大眼睛，从日常琐碎的小小物事，远山近水的讲流年，原来那是印记；讲群体，原来那是社会认知；讲某些打动她的个体，那是命运；讲时评与八卦，那是她犀利的三观和理智清醒的头脑。

为什么不袒露自己呢？一本书集积下来，似乎有小型的小确幸集体发生一处。人生从来不是宏大叙事，每个小积分累积的成长，这样记录下来，既能鞭策自己，又能熨帖读者。肖瑶这么赤诚地把自己全盘端出，一枝一叶皆关情，我们生活的内在肌理和芸芸众生的真实底色，是她所关心的世界。

“见天地，见众生，见自己”。见了众生，明白了众生相，所以宽容；见了天地，体会了伟大与渺小，所以谦卑；见了自己，感受了本我和真我，所以豁达。我们穷其一生，无非追求如此。诸多文青共爱的朴树唱到“我曾经跨过山和大海，也穿过人山人海，我曾经拥有着的一切，转眼都飘散如烟。我曾经失落失望失掉所有方向，直到看见平凡才是唯一的答案”。唱歌的人至真至诚，写字的肖瑶亦复如是。平凡才是唯一的答案。

身为文化名人的好友的素人的我为肖瑶写下第三个跋，很荣幸见证了她周游世界，阅尽繁华后的每一步显而易见的成长。由衷敬佩她在认知层面一直保持的探索与精进，更敬佩她在写作上的勤奋和保有的少年心气。

“just 那么年少，还那么骄傲，两眼带刀，不肯求饶”。这是 46 岁的朴树唱的。

黄春玲

山西人。爱钱教教主。十六年老友，所有追求不过人生有趣。

那些你不知道的歌唱者

文 / 老六

近来整理藏书，可有可无地卖了十余麻袋。然后看着留下的、束之高阁的，又分出十之八九。细细思量、反复阅读的，也只是百千分之一。书架上，诸神归位，突然悲凉，写它作甚？赶紧把自己写的那几本收起来。惭愧！

我的悲凉来自于对自己写作的警惕和看不起那些写了几十年，还停留在没有进步的“我在蓝色的厕所放了一个忧郁的屁”之类造句式的小写作。什么地方都见到，自己的简历够篇报纸文艺副刊文章的字数，给个水牌就端坐如仪。可静下心来细思：这些人写过什么呀？还真想不起来！

有没有另外一种写作者？写就写了，写就是了。不嘈、不闹、不慌不忙，不去讨好市场，更不求立马闻达天下，好不好留给时间去筛选。自得其乐地写作着。

有。肖瑶妹子，就是。

认识肖瑶妹子是在春节期间的大理。一帮有趣的人因为作家野哥——土家野夫的人格魅力和写作魅力啸聚大理山水间“野书房”。一帮有趣的人儿过个春节，几个糙老爷们以野哥为中心，众美环绕野厨房，一阵翻蹄亮掌，颠锅簸勺。祖国各地菜系就着下午的苍山洱海，天地间的阳光上桌，一顿大酒后留下了美好和友谊。

春节假期生活结束，各自从大理作鸟兽散，回到自己来的地方，隔着遥远互相关心、彼此温暖着。

又隔旬有月，肖瑶妹子传来《春有百花冬有雪》的文稿。一个有趣的灵魂，眉宇间有坚定的人，写下了自己生活的情书，集而成书，必定是可以期待的。

以上遵肖瑶妹子吩咐写几句，己亥初秋滇边阳光中，从之。

老六，云南籍诗人。

出版有《一个人的月光》《写给母亲的诗一百首》。

——————谨以此书献给我的师兄谭晓峰，好友叶英——